Brian Stafford
Dottie Schindlinger

Governance im digitalen Zeitalter

Brian Stafford
Dottie Schindlinger

Governance im digitalen Zeitalter

Ein Leitfaden für moderne
Führungsgremien

Aus dem Englischen von Birgit Reit

WILEY

WILEY-VCH Verlag GmbH & Co. KGaA

1. Auflage 2020
Alle Bücher von Wiley-VCH werden sorgfältig erarbeitet. Dennoch übernehmen Autoren, Herausgeber und Verlag in keinem Fall, einschließlich des vorliegenden Werkes, für die Richtigkeit von Angaben, Hinweisen und Ratschlägen sowie für eventuelle Druckfehler irgendeine Haftung

© 2020 **Wiley-VCH Verlag GmbH & Co. KGaA, Boschstr. 12, 69469 Weinheim, Germany**
Alle Rechte, insbesondere die der Übersetzung in andere Sprachen, vorbehalten. Kein Teil dieses Buches darf ohne schriftliche Genehmigung des Verlages in irgendeiner Form – durch Photokopie, Mikroverfilmung oder irgendein anderes Verfahren – reproduziert oder in eine von Maschinen, insbesondere von Datenverarbeitungsmaschinen, verwendbare Sprache übertragen oder übersetzt werden. Die Wiedergabe von Warenbezeichnungen, Handelsnamen oder sonstigen Kennzeichen in diesem Buch berechtigt nicht zu der Annahme, dass diese von jedermann frei benutzt werden dürfen. Vielmehr kann es sich auch dann um eingetragene Warenzeichen oder sonstige gesetzlich geschützte Kennzeichen handeln, wenn sie nicht eigens als solche markiert sind.

Bibliografische Information der Deutschen Nationalbibliothek

Das englische Original erschien 2019 unter dem Titel *Governance in the Digital Age. A Guide for the Modern Corporate Board Director* bei John Wiley & Sons, Inc., Hoboken, New Jersey.

Copyright © 2019 by Diligent Corp.

All rights reserved. This translation published under license with the original publisher "John Wiley & Sons, Inc".

Print ISBN: 978-3-527-51017-7
ePub ISBN: 978-3-527-83126-5

Umschlaggestaltung: Susan Bauer, Mannheim
Satz: SPi Global, Chennai, India
Druck und Bindung: CPI books GmbH, Leck

Gedruckt auf säurefreiem Papier.

10 9 8 7 6 5 4 3 2 1

Wir widmen dieses Buch allen sorgfältig arbeitenden Boards of Directors sowie Aufsichts- und Verwaltungsräten überall auf der Welt – mit Ihrer positiven Wirkung auf die Organisationen inspirieren Sie uns zu neuen Gedanken und Ideen.

Inhalt

Vorwort **11**
Einführung **19**

Teil 1   Governance-Methoden im digitalen Zeitalter

1. Kapitel: Sichere Wertschöpfung (trotz Volatilität) **29**
  1.1 Lassen Sie sich auf neue Methoden der
       Zusammenarbeit ein   *31*
  1.2 Verlagern Sie die Wertschöpfung in Ausschüsse   *35*
  1.3 Verfolgen Sie die richtigen Kennzahlen und Trends   *39*

**2. Kapitel: Der Aufbau eines widerstandsfähigen
Führungsgremiums** **47**
  2.1 Resilienz durch Infrastruktur   *49*
  2.2 Messen Sie die richtigen Dinge   *51*
  2.3 Online-Tools liefern bessere Erkenntnisse
       und mehr Offenheit   *52*
  2.4 Laufende Weiterbildung und Verbesserung   *53*
  2.5 Resilienz durch Leistung   *53*
  2.6 Sitzungen neu gestalten   *54*
  2.7 Stärkere Entscheidungen das ganze Jahr über   *56*
  2.8 Resilienz durch gute Zusammensetzung   *58*
  2.9 Setzen Sie Tools ein, die die Lücken aufspüren –
       und legen Sie Vorurteile auf den Prüfstand   *60*
  2.10 Nutzen Sie neue Quellen für Nachwuchstalente   *61*
  2.11 Konzentrieren Sie sich auf die Vorteile der Vielfalt   *62*
  2.12 Bauen Sie ab jetzt ein resilientes Board auf   *64*

**3. Kapitel: Die immer stärkere Rolle des Aufsichtsgremiums
im Risikomanagement** **67**
  3.1 Evaluieren Sie, wie Ihr Board an Risiken herangeht   *68*
  3.2 Einschätzung und Beobachtung von Bedrohungen   *71*

3.3 Sollte der Finanzprüfungsausschuss die Cyberrisiken
delegieren? 76
3.4 Seien Sie auf alles gefasst (denn es wird wahrscheinlich
eintreten) 78
3.5 Die richtigen Personen finden und kultivieren 80
3.6 Die richtigen Prozesse implementieren 81

**4. Kapitel: Der Aufbau von Erkenntnissen und
Just-in-Time-Strategien** **87**
4.1 Die richtigen Fragen zur rechten Zeit 88
4.2 Stellen Sie die richtigen Fragen 94
4.3 Gehen Sie hinaus und sprechen Sie mit
vielen Leuten 99
4.4 Untersuchen Sie das Profil Ihres Boards 105

**5. Kapitel: Vom gesellschaftlichen
Engagement bis zu ESG** **109**
5.1 Aufzeichnung der Daten 110
5.2 Transparente und empathische Kommunikation 114
5.3 Machen Sie Ihre Board-Mitglieder zu
ESG-Botschaftern 116

6. Kapitel: Persönliche Verantwortung **125**
6.1 Halten Sie die Regeln ein 127
6.2 Spielen Sie im Team 135
6.3 Vorbereitung: Zeigen Sie sich immer in Bestform 140

Teil 2 Ein Rahmen für die moderne Governance

**7. Kapitel: Verhaltensprofile: Eine Governance-Landkarte
für das digitale Zeitalter** **149**
7.1 Vorschlag für eine Einteilung der Führungsgremien
entsprechend ihrer Verhaltensweisen 150
7.2 Das Gründer-Board 153
7.3 Das Struktur-Board 159
7.4 Das Katalysator-Board 165
7.5 Das Zukunfts-Board 171

8. Kapitel: Verhaltensprofile in Aktion ... 177
8.1 Die einzelnen Profile und ihre Herangehensweise an die Best Practice *177*
8.2 Zum Abschluss ... *181*

Dank ... **183**

Die Autoren ... **185**

Anmerkungen ... **187**

Stichwortverzeichnis ... **195**

Vorwort

Ein Buch über den »digitalen Aufsichtsrat« ist seit Langem überfällig. Lange Zeit wurden die technischen Fähigkeiten der Mitglieder in den leitenden Gremien der Unternehmen entweder kaum betont oder als unwichtig betrachtet. Heute lässt sich dieses Problem jedoch nicht mehr ignorieren. Je besser jedes Board-Mitglied und jeder Aufsichts- oder Verwaltungsrat (und ich meine »jede einzelne Person« in diesen Gremien) über Digitalisierung, Cybersicherheit, Datenschutz und technologische Innovationen informiert ist, desto effektiver ist letztlich das gesamte Gremium. Alle müssen sich weiterentwickeln: Statt um »Ziegelstein und Mörtel« oder Papier dreht sich heute alles um Digitalisierung. Dieses Buch, das eine Entwicklung vorzeichnet, die gerade noch in ihren Anfängen steckt, wird eine willkommene Zugabe in dieser Arena.

Wie viele der in diesem Buch interviewten Mitglieder von Führungsgremien betonen, ist die Governance im digitalen Zeitalter eine wirklich schwierige Aufgabe, und das liegt zum Teil auch an der mangelnden Erfahrung und dem fehlenden Wissen vieler Beteiligter: In den Gremien sitzen meist Männer zwischen Ende 50 und Anfang 70 und sie wissen weder etwas über den Gebrauch neuer Technologien noch kennen sie einschlägige Definitionen, Abkürzungen oder Anwendungen. Zwar können sie dies im Zuge ihrer Arbeit lernen, aber im Grunde müssen die Gremien sich diversifizieren – sie müssen jüngere Mitglieder anwerben, die sich mit Informationstechnologie auskennen und verschiedene Erfahrungen im digitalen Bereich vorweisen können. Diese neuen, jüngeren Fachkräfte können sicherlich nicht immer mit Erfahrung auf der finanziellen Seite der Unternehmen aufwarten, denn sie haben, im Gegensatz zu den anderen Mitgliedern, wahrscheinlich noch nie ein großes Unternehmen geleitet, aber dafür besitzen sie genau jene Kombination an Fähigkeiten, die für den Erfolg von Führungsgremien in den kommenden Jahren sehr wichtig sein wird. Informatik ist eine der wichtigsten Kompetenzlücken, die ich erkenne, wenn ich Kompetenzmatrizen für Boards erstelle. Und es ist die absolut wichtigste Fähigkeit, die Führungsgremien heute bei neuen Mitgliedern suchen. Unter diesen Kompetenzbereich fallen auch KI und Blockchains: Man sollte nicht nur »schon einmal von diesen Dingen gehört haben«, sondern tatsächlich mit ihnen »leben«. Kürzlich sagte ein Klient zu mir: »Wenn wir nicht die richtige IT-Expertise in unser Board holen können, wird es uns in zehn Jahren nicht mehr geben.«

Wie die Autoren dieses Buches in Kapitel 2 darlegen, wirken sich diese Trends auf jeden Fall auf die Berufung neuer Mitglieder aus. Zudem beeinflussen sie die Art, wie die Gremiumsmitglieder miteinander kommunizieren, wie sie Board-Portale nutzen und sich mit der Technologie vertraut machen. Ältere Aufsichtsratsmitglieder, die weiterhin nur mit Papier und Bleistift arbeiten, stellen allerdings manchmal ein Hindernis dar. Sie bleiben bei Diskussionen im Board-Portal außen vor, weil sie sich nicht informieren. Alle Mitglieder müssen im Technologiebereich geschult werden. Gleichzeitig muss die Nutzung der Board-Portale verstärkt und es muss ein jüngeres, technik-affines Mitglied an Bord geholt werden, das als Katalysator fungieren kann. Diese Person kann dann das Board nach vorn katapultieren und die Manager der Führungsebene beraten.

Es ist unglaublich wichtig, dass sich die Mitglieder in Führungsgremien mit Digitalisierung, Disruption und der daraus resultierenden Wirkung auf Geschäftsmodelle auskennen – und hier sind viele Boards und Aufsichtsräte schlicht nicht auf dem neusten Stand. Sie müssen diversifiziert werden, hinsichtlich Alter, Fähigkeiten, Technikverständnis und Geschlecht. Wir brauchen jüngere Mitglieder, die über die Technologie und ihre Auswirkungen auf Geschäftsmodelle Bescheid wissen. Oder – wie es Priya Cherian Huskins ausdrückt, die der neuen Generation von Board-Mitgliedern angehört, die für dieses Buch interviewt wurde: »Es lohnt sich zu bedenken, dass Alter nicht immer automatisch mit guten unternehmerischen Fähigkeiten gleichzusetzen ist. Bei einigen wichtigen Fähigkeiten, beispielsweise bei der Kenntnis sozialer Medien und technologischer Umwälzungen können Führungskräfte der nächsten Generation geradezu glänzen.«

Boards müssen sich über eine Begrenzung der Amtszeiten unterhalten. Wenn ein Mitglied berufen wird, das erst 42 Jahre alt ist, soll es nicht die nächsten 30 Jahre dabeibleiben. Boards sollten daher überlegen, ob sie bei neun, zwölf oder 15 Jahren eine Grenze festlegen, sodass eine gesunde Vielfalt der Altersgruppen, Geschlechter und Fähigkeiten gefördert wird. Es besteht die Gefahr, dass man sehr rasch »altbacken« wird – schon eine technologische Drift von ein oder zwei Jahren führt dazu, dass man plötzlich abgehängt ist.

Betrachten wir als Beispiel die Nutzung von Social Media. Viele Unternehmen haben bereits Social-Media-Richtlinien für die Mitglieder ihrer Führung, die vorgeben, wie sie sich verhalten und wie sie mit den Social-Media-Kanälen umgehen sollten. Dennoch erzählen mir viele Board-Mitglieder, dass sie die sozialen Medien einfach vollständig meiden, weil sie gar nicht wissen, wie man sie benutzt. Einer fragte mich *erst letzte Woche*: »Was ist Twitter?« Schulungen über den Umgangston, die Sprache und die Nutzung sind dringend erforderlich. Personalfirmen durchsuchen bereits die Social-Media-Profile von Kandidaten, um deren Risiko- und Wissensniveau zu prüfen. Wenn die Mitglieder der Führungsgremien das Wirkungsfeld der einzelnen Social-Media-Plattformen erst kennen, werden sie auch die rasante Verbreitungsmöglichkeit verstehen – die sich positiv oder negativ auf die Marke des Unternehmens auswirken kann. Vor einigen Jahren wurden Probleme erst nach zwei oder drei Tagen öffentlich bekannt – heute sind es zehn Minuten oder noch weniger. Wenn der Ruf Ihrer Marke innerhalb weniger Minuten zerstört sein kann, müssen die Mitglieder der Unternehmensführung und der Aufsichtsgremien jede Plattform kennen, ebenso wie alle Risiken von Social Media und auch, wie man die Kanäle erfolgreich für sich nutzt. Manche

Gremien werden in Reaktion auf Social Media durchsetzungskräftiger: Sie fordern die Mitglieder auf, alle Vorfälle offenzulegen, die an die Öffentlichkeit gelangen und Schaden verursachen könnten. Es genügt nicht mehr, nur Google Alerts einzusetzen. Sie werden wahrscheinlich professionelle Hilfe brauchen, um alle Themen zu überwachen, die in den sozialen Medien aufgegriffen werden, und um relevante Themen dann im Gremium zur Sprache zu bringen. Vor Kurzem kam es beispielsweise zu einem Vorfall, bei dem ein leitender Manager ein Mikrofon an sich riss und abwertende Kommentare gegenüber einer Journalistin äußerte. Natürlich war das Ganze augenblicklich in den sozialen Medien und beschädigte die Marke innerhalb einer Stunde. Führungspersönlichkeiten müssen immer sehr gut vorbereitet sein, denn sobald eine Krise erst entstanden ist, ist es zu spät für Reaktionen.

In Kapitel 3 gehen die Autoren einigen Methoden zum Umgang mit neuen Gefahrenquellen aus dem Bereich der technologischen Innovationen und Umwälzungen nach. Viele Aufsichtsgremien übergeben alle technischen Themen an einen Ausschuss. Traditionell kümmert sich der Rechnungsprüfungsausschuss um alle Risiken, aber da sich das Technologie-Risiko von allen anderen stark unterscheidet, ist er im Umgang damit oft nicht genügend versiert. Ich beobachte, dass immer mehr Governance-Ausschüsse zu Ausschüssen für »Governance und Risiko« umgebildet werden, damit sie mit einem breiteren Risikospektrum umgehen können, zu dem auch das Technologie-Risiko gehört. Einige Gremien richten sogar spezielle Technologieausschüsse ein: Es ist zwar noch kein weit verbreiteter Trend, aber es kommt immer häufiger vor. Wenn Sie überlegen, dass 90 Prozent der Vermögenswerte inzwischen digital oder nicht greifbar sind, muss die Technologie zu den existenzbedrohlichen Risiken eines Unternehmens gezählt werden. Daher müssen in diesen Ausschüssen Personen sitzen, die etwas von Technologie verstehen und den CIO oder CISO des Unternehmens beraten können. Das Board darf in technologischen Fragen nicht nur hinterherlaufen, es muss führen können. Jüngere Mitglieder mit der entsprechenden Expertise können den Unternehmen hier helfen, den Weg in die Zukunft zu finden.

Durch die Technologie entstehen viele neue Risiken, und für einige davon kann man gar persönlich haftbar gemacht werden. Mitglieder von Aufsichtsgremien werden bereits von Anwälten verklagt, weil sie während der Sitzungen angeblich zu viel texten und Nachrichten verschicken: Die Anwälte versuchen zu beweisen, dass Board-Mitglieder ihre Sorgfaltspflicht verletzt haben, weil sie während der Meetings unangemessen viel mit technischen Geräten beschäftigt waren. Wesentlich mehr Disziplin ist erforderlich, damit Sie zeigen können, dass Sie aufmerksam bei der Sache sind. Es wird erwartet, dass die Technologie für einen besseren Ablauf der Meetings eingesetzt wird, und nicht, dass man sich von ihr ablenken lässt. Technologie kann jedoch auch ein mächtiges Werkzeug sein, das weit entfernten Board-Mitgliedern die Teilnahme an Sitzungen ermöglicht – beispielsweise aus New York, London, Berlin, Sydney, Singapur, San Francisco und so weiter. Technologie ist mächtig – aber sie kann auch eine mächtige Ablenkung sein. Sie müssen dafür sorgen, dass nur die besten und klügsten Köpfe im Raum sitzen, die die Technik weise nutzen.

Kapitel 6 liefert einige Denkanstöße zum Thema der persönlichen Verantwortung von Mitgliedern der Führungsgremien, die gut zu der Frage passen, wie diese Gremien im digitalen Zeitalter reagieren können. Der Trend geht im Moment zu mehr individuellen Experten unter den Mitgliedern. Früher hieß es oft, dass »alle im selben Boot sitzen«, aber in dem Maß, in dem wir explizite individuelle Kompetenzen in die Gremien holen, bringt jeder einzelne Spieler ein anderes Fachwissen in die Diskussionen ein. Jeder prüft die Dokumente aus seinem einzigartigen Blickwinkel und spricht Empfehlungen auf Ausschuss- und Plenumsebene aus. Kein Mitglied kann sich mehr zurücklehnen und passiv bleiben – das ist nicht mehr akzeptabel. Jeder muss sein einzigartiges Fachwissen proaktiv einbringen. Ich könnte mir vorstellen, dass eines nicht so fernen Tages eine dem Fachwissen entsprechende

Haftbarkeit eingeführt wird. Bei größeren Hacks und Verletzungen des Datenschutzes könnten Anwälte und Aktivisten in Zukunft vielleicht das Aufsichtsgremium dafür verantwortlich machen, dass nicht die richtigen Experten an den Tisch geholt wurden. Das erhöht den Druck, die Personen nach ihren Fähigkeiten anzuwerben – nach dem Vorbild der SEC (Securities and Exchange Commission, US-Börsenaufsichtsbehörde), die nach der Finanzkrise 2008 ihre Regeln hinsichtlich der Finanzkompetenz in den Boards of Directors änderte.

Da die Mitglieder der Führungsgremien immer mehr unter Beobachtung stehen und verantwortlich gemacht werden, investieren Unternehmen heute verstärkt in Versicherungen gegen Cyberrisiken. Wie bei jeder anderen Versicherung können Sie sich deshalb aber keineswegs zurücklehnen: Die Versicherer prüfen, was das Unternehmen zu seinem Schutz unternimmt und wie es sich vorbereitet, und errechnen daraus die Schadenssummen. Wenn Sie sich nur auf die Versicherung verlassen, ist es schon zu spät, denn sie löst nicht das Problem Ihrer Sorgfaltspflicht. Versicherung ist nur die letzte Absicherung – Sie müssen dennoch die Best Practices einführen, die in diesem Buch dargelegt werden.

Im Angesicht der technischen Innovationen und Umwälzungen müssen Führungsgremien Resilienz entwickeln. Das Ziel ist beweglich und wer nicht mithält, fällt zurück. Regelmäßige Weiterbildung (bei jedem Meeting) – die Einladung von Experten, die die Mitglieder auf den neusten technischen Stand bringen, die Erweiterung der eigenen Kompetenzen, die Erhöhung der bereits großzügigen Budgets für Fortbildung, die Teilnahme an Konferenzen – all diese Dinge müssen für alle Mitglieder zur Routine werden. Einige Gremien haben bereits Technik-Experten von außen – Futuristen, Experten für Cyberrisiken, Erfinder und andere –, damit sie immer auf dem neusten Stand bleiben und externe Perspektiven hören, die sie gegen die Verlautbarungen des Managements abwägen können. Und wie die Autoren darlegen, beginnen manche Boards bereits mit der Entwicklung von »Persönlichkeitsprofilen«, die sich entweder förderlich oder hinderlich auf ihre Anpassungsfähigkeit und Resilienz auswirken.

Ich glaube an das, was einige Board-Mitglieder zu mir sagten: »Wir stecken mitten in einer Revolution.« Wir sind an einem Wendpunkt der Technologie angelangt, der sich grundsätzlich auf die Geschäftstätigkeit der Unternehmen auswirken wird. Futuristen skizzieren mögliche Bilder davon, wie die Welt in zehn bis zwanzig Jahren aussehen wird, und viele Industriezweige werden radikale Umwälzungen erleben. Die Mitglieder der Aufsichtsgremien müssen sich darauf konzentrieren, ihre Unternehmen agil und flexibel zu halten, sie müssen für den Fall vorausplanen, dass die Technologie ihr Geschäftsmodell zerstört, sie müssen vorausahnen, aus welcher Richtung die Veränderung wahrscheinlich kommen wird und sie müssen mit »den unbekannten Unbekannten« zurechtkommen und dem Management helfen, auf alles vorbereitet zu sein.

Die Aufsichtsgremien der Unternehmen, die ihre Konkurrenten überflügeln, warten nicht auf die Informationen des Managements, sondern pushen aggressiv ihre Informationen zum Management. Sie haben spezifische Leistungsindikatoren (KPIs, *key performance indicators*), an denen sie die Wertschöpfung ablesen können, und sie steuern die Agenda. In diesen Unternehmen macht die Technologie 40 – 60 Prozent der Agenda aus und die Gremiumsmitglieder müssen viel entsprechendes Fachwissen haben. Leider haben aber viele das Gefühl, dass sie nicht wissen, was zu tun ist. Sie behalten ihre Posten nicht aufgrund ihrer Kompetenz, sondern nur aufgrund ihrer Unabhängigkeit. Ein gutes Board-Mitglied besitzt sowohl die Glaubwürdigkeit als auch das Gewicht, um Strategie und Informationen zum Management zu »pushen«: Man soll kein »Mikromanagement« betreiben, aber man sollte zukünftige Änderungen, die Digitalisierung und Geschäftsmodelle überblicken und beaufsichtigen können. Boards, die alles einfach durchwinken und nur auf Berichte und Informationen des Managements angewiesen sind, verschließen sich vor der Wirklichkeit. Das darf aber niemals geschehen. Es gibt keine schlechten Unternehmen, nur schlechte Führungsgremien. In diesem Buch erfahren ihre Mitglieder, was auf dem Spiel steht, und wie sie mit besseren Methoden die langfristige Gesundheit und Tragfähigkeit ihrer Unternehmen sichern können.

Dr. Richard LeBlanc
Professor of Governance, Law & Ethics an der Universität York,
Faculty at the Director's College
Verfasser des Buches: The Handbook of Board Governance: A Comprehensive Guide for Public, Private and Not-for-Profit Board Members. *John Wiley & Sons, 2016.*

Einführung

Was bedeutet Governance im digitalen Zeitalter?

Corporate Governance, die Grundsätze der Unternehmensführung, waren schon immer eine schwierige Sache, aber es gab wohl noch nie eine Zeit, in der die Mitgliedschaft in einem Board of Directors oder Aufsichtsrat so schwierig und fordernd war wie gerade heute. Die Aufsicht über ein Unternehmen ist stärker denn je mit Risiken behaftet und die Mitglieder der Führungsgremien sind einem sehr breit gefächerten und ständig zunehmenden Druck ausgesetzt. Dieser kommt sowohl aus dem Inneren als auch aus der Umgebung ihres Unternehmens und wird immer komplexer: Das geopolitische, ökologische, wirtschaftliche und soziale Klima ist unvorhersehbar und es gibt Anschuldigungen gegen leitende Manager über Fehlverhalten am Arbeitsplatz, öffentliche und regulatorische Aufschreie gegen Unternehmen, die Verbraucherdaten nicht angemessen schützen, aktivistische Aktionäre, die dafür sorgen wollen, dass Aufsichtsräte und Boards of Directors ausgetauscht oder mit neuen und diverseren Personen aufgestockt werden – die Liste ließe sich fortsetzen. Ohne Rücksicht auf diese Komplexität wird von Führungskräften dennoch erwartet, dass sie in allen Situationen augenblicklich richtig reagieren. Lösungen dürfen nichts weniger als rasch und positiv sein, sonst zeigen die Stakeholder sehr wenig Toleranz. Die Führungskräfte werden daran gemessen, wie rasch sie handeln und wie genau sie vorhersehen, was geschehen wird – und das in einer Umgebung, deren kennzeichnendes Merkmal ihre Unvorhersehbarkeit ist.

Die Verfahrensweisen und Regeln in den Sitzungen haben sich dagegen seit der Zeit ihrer Festschreibung für das Parlament in *Robert's Rules of Order* (einem Handbuch für die Geschäftsordnung) nicht mehr geändert. Dort wird dazu aufgefordert, Probleme sorgfältig zu erörtern, bevor endgültige Entscheidungen getroffen werden. Ein derart gemächliches Tempo wird aber in

Zeiten, die sich am besten durch Moores Gesetz beschreiben lassen, wohl nicht mehr ganz so sehr geschätzt. Das Gesetz besagt, dass sich das Tempo der technischen Innovationen und der Datenverarbeitung beinahe alle 18 Monate verdoppelt.[1] Im digitalen Zeitalter erwarten Investoren, Aktionäre und andere interessierte Parteien augenblickliche Ergebnisse. Sie haben kaum Geduld mit Boards, die sich die Zeit für längere, sorgfältige Abwägungen oder Überlegungen nehmen.

Das ist vielleicht einer der Gründe, weshalb immer mehr Mitglieder der Aufsichtsgremien immer weniger Mandate annehmen. Früher wurde es als Ehre betrachtet, in mehreren Aufsichtsräten tätig zu sein und es zeichnete einen vielseitigen Aufsichtsratsvorsitzenden aus. Heute warnen Proxy-Berater die Unternehmen davor, Personen in ihre Gremien zu berufen, die »überlastet« sind. Auch wenn sich ein Board oder Aufsichtsrat nur wenige Male pro Jahr trifft, müssen die Mitglieder die Verantwortung für den Gesamterfolg oder auch Misserfolg des Unternehmens tragen.

Da der Druck also steigt, suchen die Board-Mitglieder nach neuen Verfahrensweisen und Lösungen, die ihre komplexe Aufgabe besser beherrschbar machen. Viele aktuelle Ansätze können das Ziel einer Veränderung des Governance-Ansatzes des Boards aber nicht erfüllen.

Ein Faktor, der das Ganze verkompliziert, ist der langsame Fortschritt der Diversifizierung in den Führungsgremien. Trotz einiger positiver Veränderungen, die sich in letzter Zeit in der Geschlechterdiversifizierung ergaben[2], bleibt die Aufsicht über die Unternehmen mit überwältigender Mehrheit männlich, älter und weiß – und das unabhängig von der geografischen Region der Unternehmensstandorte, der Branche und der Demografie ihrer Kunden. Forschungen zeigen, dass die Leistung der Unternehmen, deren Führungsgremien geschlechterdivers besetzt sind, um mehrere Prozentpunkte höher liegt als die ihrer Konkurrenten[3], aber dennoch sind weniger als 17 Prozent der weltweiten Plätze in Boards und Aufsichtsräten mit Frauen besetzt. Bei der derzeitigen

Steigerungsrate wird es noch bis 2048 dauern, bis die zahlenmäßige Gleichheit der Geschlechter tatsächlich erreicht ist.[4] Ebenso besorgniserregend – wenn nicht gar noch besorgniserregender in der heuten digitalen Zeit – ist der Mangel an Altersdiversität in den Boards und Aufsichtsräten. Trotz der Anstrengungen vieler Unternehmen zur Rekrutierung jüngerer Führungskräfte in den Gremien steigt deren Durchschnittsalter Jahr für Jahr weiter an. Forschungen haben ergeben, dass 80 Prozent der Unternehmen im S&P-500-Index Board-Mitglieder haben, die 60 Jahre oder älter sind. Weniger als 5 Prozent der Board-Mitglieder sind 50 Jahre oder jünger und 21 Prozent von ihnen sind 70 Jahre oder älter.[5]

Die Tatsache, dass die überwiegende Mehrheit der Mitglieder in Führungsgremien keine »Digital Natives« sind (also nicht mit digitalen Geräten aufwuchsen), stellt aber nur einen Teil des Problems dar. Neuere Forschungen von Deloitte kommen zu der Einschätzung, dass nur 17 Prozent der Board-Mitglieder in den S&P-500-Unternehmen technologisches Fachwissen besitzen.[6] Dieser Mangel an Technik-Affinität im Aufsichtsgremium hat oft reale Folgen. Die gleiche Studie kommt zu dem Ergebnis, dass Unternehmen, deren Boards sich auf die Rekrutierung von Mitgliedern mit Technologie-Expertise konzentrieren, doppelt so wahrscheinlich bis zu zehn Prozent höhere Leistungen erzielen als der S&P-500-Index im Durchschnitt.

Diese Probleme werfen eine Frage auf: Welche Ansätze haben tatsächlich das Potenzial, die Führungsgremien im digitalen Zeitalter bei der Governance zu unterstützen? Mit anderen Worten: Welche spezifischen Methoden setzen Unternehmen ein, um ihren Kontrolleuren beim Erwerb der wohldurchdachten Erkenntnisse zu helfen, die sie für ihre komplexen Entscheidungen brauchen, während sie sich im Twitter-Tempo vorwärtsbewegen? Was sollten heutige Gremiumsmitglieder über die Weiterentwicklung der Governance-Methoden in Reaktion auf die digitale Disruption und technologische Innovationen wissen? Und was am wichtigsten ist: Wenn die Mitglieder feststellen, dass ihre Aufsichtsgremien mit den Anforderungen des digitalen Zeitalters nicht Schritt halten – welche praktischen Lösungen können sie dann anwenden, um wieder einen Vorteil zu erlangen?

Zweck und Fokus dieses Buches

Bei unserer Arbeit mit mehr als 14 000 Organisationen und 500 000 Board-Mitgliedern und Aufsichtsräten sowie leitenden Managern in mehr als 90 Ländern auf allen sieben Kontinenten beobachten wir eine kleine, aber wachsende Gruppe von Organisationen, die ihre Vorstellung und Ausführung der Funktionen von Governance neuerdings verändern. Die traditionellen Prozesse dafür wurden in einer Zeit entwickelt, in der das Ziel *Erörterung* hieß – definiert als »eine lange und sorgfältige Betrachtung oder Diskussion«. Heute dagegen lässt sich fast jede Frage mithilfe einer Suchanfrage in Google oder eines Befehls an Amazons »Alexa« beantworten. Daher denken heute viele Board-Mitglieder, dass sie auch direkten Zugriff auf die Informationen haben sollten, die sie für ihre strategischen Entscheidungen brauchen. Sie warten nicht mehr so gern auf sorgfältig ausformulierte Berichte mit Daten, die zum Zeitpunkt der Verteilung bereits mehrere Wochen alt sind. Wenn die Board-Mitglieder nur Zugang zu Informationen haben, nachdem sie mehrfach vom Management gefiltert und aufbereitet wurden, ist das ein echtes Problem für ihre Aufsichtspflicht und Verantwortlichkeit. Boards müssen sicherstellen – und sie tun dies auch immer häufiger –, dass der *Erörterungsprozess* mit dem Geschäftstempo des digitalen Zeitalters Schritt hält. Es steht viel auf dem Spiel. Unternehmen, die die Geschwindigkeit der Informationen und der smarten Technologie für ihre sorgfältigen Überlegungen nutzen, könnten ihre Konkurrenten sehr schnell überholen.[7]

Dennoch konzentrieren sich die meisten Bücher über Corporate Governance auf die Etablierung von Kernmethoden und Prinzipien, die alle Prüfungen der Zeit überdauern. Nur eine Handvoll Artikel beschäftigt sich mit der Veränderung der Governance-Methoden – und die meisten davon wiederum berichten nur über die Verfahrensweisen eines bestimmten Boards. Dieses Buch ist dagegen ein Versuch, die von uns wahrgenommene Lücke in der Literatur über Corporate Governance ein wenig zu füllen. Wir wollen Board-Mitgliedern und Aufsichtsräten eine handliche Zusammenfassung innovativer Methoden an die Hand geben. Sie fasst die Erfahrungen von Führungsgremien auf der ganzen Welt zusammen, die mit der Herausforderung der Governance im digitalen Zeitalter zu kämpfen haben. Durch Interviews mit Board-Mitgliedern und Unternehmensleitern auf der ganzen Welt und durch Recherche in den neuesten Büchern, Fachzeitschriften und Nachrichtenquellen haben wir Dutzende von Beispielen für veränderte Methoden im Sitzungsraum gesammelt. Darüber hinaus versuchten wir, einige unserer eigenen Beobachtungen über Veränderungen in der Unternehmensführung zu dokumentieren. Dabei ziehen wir unsere Interaktionen mit Tausenden von Board-Mitgliedern und hochrangigen Managern heran, für die wir Governance-Software entwickeln und bereitstellen.

Wir glauben ganz sicher nicht, dass dieses Buch das endgültige Werk zu diesem Thema ist – davon ist es weit entfernt. Wir hoffen aber, dass dieses kurze Buch andere dazu anregen wird, sich in die Diskussion darüber einzuschalten, wie Boards und Aufsichtsräte in einer Zeit, die durch rasante digitale Transformationen und Umwälzungen gekennzeichnet ist, ihrer Führungsaufgabe erfolgreich gerecht werden können.

Was finden Sie in diesem Buch und wie können Sie es nutzen?

In den vergangenen 15 Jahren haben Organisationen – teilweise in Reaktion auf neue Herausforderungen in der Unternehmensführung – damit begonnen, innovative Governance-Methoden einzusetzen, die die Funktionsweise ihres Führungsgremiums tiefgreifend verbessern, das Engagement der einzelnen Mitglieder erhöhen und zu besseren Ergebnissen führen.

Während die Board-Mitglieder immer stärker unter Druck stehen, schnell definitive Antworten zu finden, werden neue Tools entwickelt, mit denen sie selbst und die Unternehmensleitung neu darüber nachdenken können, wann und wie das Aufsichtsgremium wichtige Informationen erhält. Mit einigen Tools können die Unternehmen ihren Board-Mitgliedern direkteren Zugriff auf Daten ermöglichen. So können diese bessere Abfragen durchführen und ihre Entscheidungen auf der Basis der Daten treffen. Doch selbst mit einer Technologie, die schneller Antworten liefert als Menschen, kommt es immer noch darauf an, dass die Board-Mitglieder die richtigen Fragen stellen. Bei dieser Governance-Evolution verlagert sich die Rolle des Board-Mitglieds vielleicht weg vom »verlässlichen Berater« und hin zum »Chef-Fragensteller«. Er ist derjenige, der aufgrund seiner Erfahrung zu treffenden Einsichten kommt, und der die Fragen formuliert, die das Unternehmen auf neue Leistungsniveaus katapultieren.

Da die Governance immer komplexer wird, ist jetzt der richtige Zeitpunkt gekommen, um über Tools hinauszublicken, die nur die Effizienz ohnehin obsoleter Prozesse verbessern, und sich durch Technologien, die die Führungsleistung erhöhen, einen echten Vorteil zu verschaffen.

Der Prozess der Unternehmensführung befindet sich mitten in einer bedeutenden Übergangsphase, die jedoch viel zu wenig Aufmerksamkeit erhält. Daher erhalten auch die Board-Mitglieder nur eine kleine Handvoll praktischer Strategien, Beispiele und Anleitungen. Sie alle – gleichgültig, ob sie erst wenige Tage oder schon einige Jahrzehnte lang im Dienst sind – hungern nach Erkenntnissen, vor allem von Kollegen, die ähnlichen Herausforderungen gegenüberstehen.

Ob Sie nun Board-Mitglied, CEO, Justiziar, Rechtsvorstand oder eine auf andere Weise an der Governance beteiligte Fachkraft sind: Dieses Buch ist für Sie. Hier finden Sie eine Sammlung von Erkenntnissen, Beispielen, Vorlagen und Strategien, die Ihnen helfen, bei Ihrer Tätigkeit zu überleben (und zu gedeihen). All das ist kurz gehalten, damit Sie es in kurzer Zeit lesen können.

Einführung

In dem Buch geht es nicht so sehr um spezifische Governance-Technologien, sondern vielmehr um die neuen Entwicklungen der Boards und ihrer Mitglieder – größtenteils in Reaktion auf technologische Innovationen und neue Herausforderungen. In Teil 1 beschreiben wir unsere Erkenntnisse aus Gesprächen mit den Boards und Aufsichtsräten großer Aktiengesellschaften weltweit. Wir sprachen mit ihnen über spezifische Methoden der Unternehmensführung im digitalen Zeitalter und sie teilten uns sehr großzügig ihre Geschichten mit – in der Hoffnung, dass andere von ihren Erfahrungen profitieren können. Immer wieder werden Sie in diesem Buch praktische Anleitungen, Erkenntnisse und Weisheiten von aktuellen Board-Mitgliedern zur erfolgreichen Meisterung der Governance im digitalen Zeitalter finden. Da wir hier nicht alle Interviews in voller Länge aufnehmen konnten, finden Sie sie sowie auch herunterladbare Beispiele und andere Ressourcen auf der begleitenden Website. Die Adresse ist: https://diligent.com/governance-in-the-digital-age.

Darüber hinaus versuchen wir, die neusten Forschungsergebnisse über die Veränderungen in der Governance in Reaktion auf die digitalen Belastungen zusammenzufassen, die wir aus vielfältigen Quellen gesammelt haben. Wo immer es möglich war, nahmen wir praktische Strategien auf, die die Forschung unserer Meinung nach nahelegt. Das Ziel war, diese Forschungsergebnisse für Board-Mitglieder, leitende Manager und andere an der Governance beteiligte Fachkräfte praktisch anwendbar zu machen.

In Teil 2 fassen wir die wichtigsten Erkenntnisse aus den Gesprächen und der Forschung in einen Rahmen, den wir als »Board-Verhaltensprofile« (*Board Behavioral Profiles*) bezeichnen. Ähnlich wie psychologische Verhaltensprofile, die die Eigenschaften, Charakterzüge und Verhaltensmuster einzelner Personen beschreiben, spiegeln unsere vorgeschlagenen Verhaltensprofile die Charakterzüge, Verhaltensweisen in Führungsgremien wider – und darüber hinaus noch andere Faktoren, die in unseren Interviews immer wieder beschrieben wurden. In Kapitel 7 legen wir die Faktoren dar, die am häufigsten genannt wurden, und ordnen sie vier Profilen zu: dem

Gründer-Board, dem Struktur-Board, dem Katalysator-Board und dem Zukunfts-Board. So lassen sich die einzigartigen Ansätze identifizieren und gruppieren, mit denen sich Führungsgremien in den Herausforderungen des digitalen Zeitalters zurechtfinden.

Obwohl eine alte Weisheit lautet: »Wer ein Board kennt, kennt genau ein Board«, berichteten uns viele Befragte, dass diese vier Profile ihre eigenen Erfahrungen widerspiegeln – und vielleicht auch anderen helfen können, ihren Weg nachzuvollziehen. Selbstverständlich können wir nicht erwarten, dass die Verhaltensprofile exakt zu den Erfahrungen aller Board-Mitglieder passen, aber die Personen, die wir für dieses Buch interviewten, drückten ihre Hoffnung aus, dass andere Board-Mitglieder aus ihren Geschichten und Erkenntnissen Klarheit gewinnen würden – über die beste Methode, sich in der digitalen Wirklichkeit zurechtzufinden und die Governance-Praktiken ihres Gremiums anzupassen. Wir hoffen, dass dieser Rahmen allen Board-Mitgliedern als ein praktischer Spickzettel dient, mit dem sie in Gesprächen mit ihren Kollegen ihre Erfahrungen mit der Unternehmensführung im digitalen Zeitalter beschreiben können. Und falls das Board Veränderungen für geboten hält, dann kann der Rahmen hoffentlich Anstöße dazu liefern, wie sich diese vornehmen lassen.

In Kapitel 8 führen wir die in Teil 1 beschriebenen Governance-Methoden mit den in Teil 2 entwickelten Verhaltensprofilen der Führungsgremien zusammen und untersuchen, wie die Boards je nach Profil im digitalen Zeitalter einige Best Practices umsetzen könnten. Da diese neue Straßenkarte in einer Landschaft vermessen wird, die sich derzeit rasant verändert, muss man vernünftigerweise davon ausgehen, dass sich auch die Governance-Strategien im Lauf der Zeit weiterentwickeln müssen. Auf der begleitenden Website – https://diligent.com/governance-in-the-digital-age – laden wir Sie ein, Ihre Erkenntnisse mit uns zu teilen, vor allem, wenn Sie uns Feedback über Ihre eigenen Erfahrungen mit Governance im digitalen Zeitalter mitteilen möchten.

Teil 1
Governance-Methoden im digitalen Zeitalter

1 Sichere Wertschöpfung (trotz Volatilität)

»Die meisten Unternehmen haben Perioden des Wachstums und Perioden des Werts. Erst wachsen sie, dann ernten sie.«[1]

Margaret Whelan, Corporate Director bei TopBuild und Mattamy Homes

Was ist Wertschöpfung im digitalen Zeitalter? Es ist eine Wohnungsbaufirma, die ihr Kapital aktiv auf die Märkte mit dem größten Bedarf und dem geringsten Wettbewerb verschiebt. Es ist ein IT-Unternehmen im Medizinbereich[2], das Produkte entwickelt, die genau auf die wunden Punkte im täglichen Arbeitsablauf ihrer Klienten zugeschnitten sind. Es ist ein DVD-Versandhandel, der sich an das veränderte Kundenverhalten anpasst und zu einem weltweit führenden Anbieter von Skript-Programmierung wird.

Wertschöpfung ist nicht dasselbe wie Wachstum. Bei Wachstum geht es um kurzfristige Gewinne und Kapitalerweiterung und der Fokus liegt kaum auf den langfristigen Folgen. Wertschöpfung ist dagegen eine langfristige Strategie, bei der es um Investitionen in Innovation und Nachhaltigkeit geht.

Für die Führungsgremien von Unternehmen ist in diesem Zusammenhang wichtig, dass Wertschöpfung heute über unmittelbare Entscheidungen über Dividenden und Investitionsstrategien hinausgeht und ein dauerhaftes, nachhaltiges Geschäftsmodell erhalten muss. Stellen Sie es sich so vor, dass Sie ein starkes Unternehmen und einen starken Börsenwert aufbauen müssen – eine zweifache Mission, die in der heutigen globalen, technologisch komplexen Umgebung schwieriger ist als je zuvor. Und stellen Sie sich dazu noch vor, dass Sie Risiken und Gelegenheiten bereits im Voraus bedenken müssen. Eine neue Innovation, wie Blockchain, künstliche Intelligenz oder virtuelle Realität, kann jeden Augenblick die bisherige Geschäftstätigkeit auf den Kopf stellen, selbst für bestens etablierte globale Marktführer.

Alle interessierten Parteien sind sich einig, dass sich Führungsgremien stärker dafür einsetzen müssen, dass ihre Unternehmen für Kunden, Investoren und den Markt insgesamt attraktiver und wertvoller werden. BlackRock, State Street Global Advisors, Vanguard und andere fordern neue Methoden der Unternehmensführung, die langfristige, nachhaltige Wertschöpfung unterstützen.[3] Unter diese weiterentwickelten Methoden fallen beispielsweise die vorgeschriebenen Nachhaltigkeitsberichte für Aktiengesellschaften in Singapur und die Proxy-Statements in den USA, die den Aktionären im Jahresbericht Informationen über das Unternehmen liefern. Zunächst als reine Pflichtübung verstanden, bieten sie heute oft ausführliche Einblicke in die Strategie, Leistung, Vergütung und Kultur der Unternehmen.[4]

Boards und Aufsichtsräte treffen bereits wichtige Entscheidungen über Akquisitionen, Investitionen, Markterweiterungen, Berufung von leitenden Managern und so weiter. Aber in einer Umgebung mit ständigen und oft umwälzenden Veränderungen dürfen sie derartige Entscheidungen nicht mehr, wie bisher üblich, nur aus der Perspektive von Verwaltern betrachten, sondern mit einer Einstellung, die die Beraterfirma Bain als »Private-Equity-Ansatz« bezeichnet.[5] Sie müssen die Entscheidungen ebenso mit den scharfen, auf Gelegenheiten fixierten Augen eines Investors sehen wie mit dem vorsichtigen Blick eines Verwalters.

Mit der richtigen Führung durch Board oder Aufsichtsrat kann aus einem 500-Millionen-Dollar-Unternehmen ein Zehn-Milliarden-Dollar-Weltmarktführer werden. Ineffektive Führung kann dagegen ebenso stark in die Gegenrichtung wirken. Wenn man die berühmten Worte von Andy Grove, dem ehemaligen CEO von Intel ein wenig umformuliert, heißt das dann, dass nur die Wertschöpfer überleben.

Wie gelingt einem vorwärts denkenden Board of Directors oder Aufsichtsrat der Übergang vom vorsichtigen Verwalter und Bewahrer zum Katalysator für Innovation? Selbst die am besten organisierten Gremien haben nur 24 Stunden pro Tag zur

Verfügung. Und ihre Prozesse, die in jahrzehntealten Traditionen feststecken, sind oft nicht so agil, dass sie auf die spontanen Anforderungen der Wertschöpfung reagieren könnten.

Wir glauben, dass in diesem komplexen Bereich schnelle Verbesserungen möglich sind. Erstens sollte der Fokus auf dem operationalen Engagement liegen und das heißt speziell, dass neue Methoden der Zusammenarbeit eingeführt werden müssen. Die Gremienstrukturen (vor allem die Ausschüsse) müssen so gestaltet werden, dass sie die Wertschöpfungsmission unterstützen, und mithilfe neuer Technologien müssen alle ständig über die Vorgänge im und außerhalb des Unternehmens informiert bleiben. Zweitens sollten die Gremien ihr Verhaltensprofil untersuchen. Welche Eigenschaften weist Ihr Führungsgremium aktuell auf? Überlegen Sie, wie Sie dieses Profil möglicherweise ändern müssen, um mehr Wertschöpfung zu erreichen.

1.1 Lassen Sie sich auf neue Methoden der Zusammenarbeit ein

»Wertschöpfungsorientiert« wird man nicht über Nacht. Es gibt keinen Moment der Offenbarung während eines Retreats in den Alpen. Der Prozess vollzieht sich vielmehr im Lauf der Zeit durch schrittweise Änderungen im Alltagsgeschäft. In einem Artikel im *Harvard Business Review* von November/Dezember 2017 über den »new innovation imperative«, den »neuen Zwang zur Innovation«, betonte der ehemalige CEO von Mastercard, Robert Selander, dass große Ideen normalerweise eben keine transformativen Veränderungen auslösen.[6] Meist sind dazu zahlreiche und andauernde Diskussionen über eine Vielzahl von guten und schlechten Ideen erforderlich.

Der CEO von Cambia Health Solutions, Mark Ganz, setzte diese Prämisse in die Praxis um und verwandelte seine Board-Meetings von PowerPoint-Präsentationen in offene Diskussionen.[7] Durch mehr Fragen, die alle zum Nachdenken anregten, verbesserte das

Board die Partnerschaft mit dem Management und die einzelnen Mitglieder lieferten wesentlich mehr Wert.

Führungsgremien erkennen derzeit, dass sie nur relevant bleiben können, wenn sie neue und andere Meinungen und Standpunkte einholen. Diversifizierung ist der Schlüssel zur Resilienz – ein Bereich, den wir im folgenden Kapitel näher beleuchten werden. Speziell auf die Wertschöpfung bezogen, erkennen viele Board-Mitglieder und andere Governance-Fachleute, dass eine breitere Vielfalt von Perspektiven sehr hilfreich ist. Das Board hält dadurch engeren Kontakt zu den Veränderungen und kann auch besser darüber sprechen. Wenn man neue Mitglieder an Bord holt, ändert sich auch oft die Dynamik und es ergeben sich reichhaltigere, tiefere Gespräche und schnellere, klarere Entscheidungen.

»Es heißt, dass mindestens zwei oder drei Frauen im Board tatsächlich den Ablauf der Prozesse verändern. Die gleiche Untersuchung wurde auch für digitale Experten durchgeführt«, sagt Betsy Atkins, CEO und Gründerin von Baja Corporation, die auch Mitglied der Boards of Directors von Cognizant, Wynn Resorts, SL Green Realty, Schneider Electric und Volvo Cars ist.

»Man braucht mindestens zwei Board-Mitglieder, die technisch versiert sind, damit man die Geschwindigkeit der Veränderungen, die Technologien und ihre Nutzung zur Kostensenkung sowie zur Verringerung der Schritte und der Reibung in der Abwicklung von Kundentransaktionen richtig versteht und auch, damit man zukünftige, differenziertere Geschäftsmodelle tatsächlich begreift.«[8]

Wie wichtig sind diese breit gefächerten Perspektiven? Tom Wilson, der CEO von Allstate, erwähnte wertvolle Erkenntnisse über das Kundenverhalten, die ein Board-Mitglied einbrachte, das zuvor Erfahrungen mit Start-ups für »vernetzte Autos« und im Bereich der Fertigung/OEM (Originalausstatter) gesammelt hatte.[9] Und stellen Sie sich vor, was aus Netflix geworden wäre, wenn nicht irgendjemand darauf hingewiesen hätte, dass die veränderten Film- und Fernsehgewohnheiten der Menschen einen entscheidenden Trend darstellten.

Ralph Loura, der bisher bereits Mitglied der Geschäftsleitung bei Rodan + Fields, Clorox und HP war, ist davon überzeugt, dass Boards das Ergebnis ihrer Wertschöpfung verändern können, wenn sie sich stärker mit Digitalisierung befassen. »Viele Dinge aus dem IT-Bereich, wie die Automatisierung der Zulieferketten oder die finanzielle Konsolidierung, wurden in der Vergangenheit als »reine IT-Projekte« betrachtet. Aber dann erwiesen sich etwa 70 Prozent aller CRM-Implementierungen in irgendeiner Form als Misserfolge und die Leute erkannten, dass sie diese Implementierungen als reine IT-Projekte durchgeführt hatten und nicht als unternehmensweite Projekte, wie es erforderlich gewesen wäre.«[10]

Ein Bruch in der Unterhaltungsindustrie inspiriert ein »modisches« Start-up

Manchmal spürt man am ehesten, dass ein Geschäftsmodell sich ändert, wenn man es in Aktion sieht. StitchFix-Gründerin und CEO Katrina Lake analysierte in ihrer ehemaligen Funktion als Wagniskapitalgeberin die Unternehmen Blockbuster und Netflix und erkannte dabei, dass sich die Verbrauchergewohnheiten zu einem Abonnement-Modell hin entwickelten.[11] Sie spürte deutlich, dass es auch im Einzelhandel zu ähnlichen Veränderungen kommen könnte, und baute aus dieser Erkenntnis heraus ein Unternehmen im Wert von 977 Millionen Dollar auf.

Neue Mitglieder mit frischen Blickwinkeln in puncto Wertschöpfung sind jedoch nur ein Teil dieser Schlacht. Boards müssen auch in der Lage sein, ihr Wissen zu nutzen und ihre Beiträge zu maximieren.

Weiterbildung, Engagement und Förderung sind hier gute Ausgangspunkte. Nelson Chan, der Vorsitzende des Boards of Directors von Adesto Technologies und Mitglied des Boards von

Deckers Outdoor Corporation, sagt: »Wir nehmen uns Zeit für die großen Fragen. Sie sind ebenso wichtig – wichtiger – als die Rechnungsprüfung und die Vergütung.«[12]

Ein Beispiel: »Manchmal planen wir einen halben Tag für die Arbeit mit einem Experten ein oder wir gehen hinaus und sehen uns an, was an vorderster Front der Technologien mit Marktveränderungspotenzial passiert. Wir besuchten zum Beispiel schon Unternehmen wie Google, die genau das tun, oder Investment-Firmen für technologische Start-ups und baten sie, uns ihre neuesten Projekte zu zeigen. So bilden wir unser Board weiter.«

Checkliste zur Kultivierung und Erhaltung einer auf Werte fokussierten Kooperation

Es ist oft ein schwieriges Unterfangen, neue Methoden der Zusammenarbeit dauerhaft einzuführen – besonders in Führungsgremien mit knapp bemessener Zeit und fest eingefahrenen Methoden. Hier sind dennoch einige Vorschläge, mit denen Sie beginnen können:

- Fördern Sie innerhalb des Gremiums eine Kultur der respektvollen Auseinandersetzung, der Neugier, Ehrlichkeit und der offenen Debatten. Das Sitzungszimmer muss ein Ort sein, an dem konstruktive Kritik willkommen ist – bei den unabhängigen Aufsichtsmitgliedern ebenso wie bei den Managern der Geschäftsführung.
Sie ist eine wichtige Voraussetzung für Wachstum.
- Bringen Sie die Mitglieder mit neuen Ideen in Kontakt. Dies kann durch Treffen mit Fachleuten aus verschiedenen und/oder verwandten Industriezweigen geschehen oder auch durch breit gefächerte Lektüre über aktuelle Themen.
- Holen Sie die Leute regelmäßig aus dem Sitzungsraum heraus. Besuchen Sie die wichtigsten Niederlassungen Ihres Unternehmens, die F&E-Abteilung und andere wichtige Bereiche. Arrangieren Sie Begegnungen mit

den wichtigsten Kunden und Investoren, damit die Mitglieder erkennen, was relevant ist.
- Erweitern Sie die Vielfalt der Hintergründe, Fähigkeiten und Führungsstile, die im Führungsgremium vertreten sind. Viele verschiedene Sichtweisen führen oft zu besseren Ergebnissen.
- Denken Sie daran, dass Vertrauen eine wichtige Voraussetzung für eine kooperative Einstellung ist. Die Menschen teilen ihre Gedanken häufiger und offener mit, wenn sie nicht Angst haben müssen, dass sie dafür verurteilt werden.

1.2 Verlagern Sie die Wertschöpfung in Ausschüsse

Die Wertschöpfung ist zu wichtig – und die Umstände, die sie vorantreiben, zu unbeständig –, als dass man sich nur sechs bis neunmal pro Jahr darum kümmern dürfte. Viele Boards beauftragen ihren Rechnungsprüfungs- oder Risikoausschuss mit Recherchen über Investitionen, Risiken und Branchentrends und mit der aktiven Teilnahme an der Strategieplanung. Im Idealfall kontrollieren und bewerten die Ausschüsse die Fortschritte in Richtung der strategischen Unternehmensziele und informieren das gesamte Board regelmäßig über die Fortschritte.

In diesem vergangenen Jahrzehnt der digitalen Transformation gehen einige Führungsgremien sogar schon einen Schritt weiter – mit speziell auf Innovationen ausgerichteten strukturellen Anpassungen, denn Innovationen sind der entscheidende Bestandteil von (einige würden sogar sagen synonym mit) Wertschöpfung. Der französische Reifenhersteller Michelin richtete 2012 ein »Innovations-Governance-System« ein, das von einem Corporate Innovation Board geführt wird.[13] Darin vertreten sind die Manager der Produktlinien, der Entwicklungsmanager, ein externes Mitglied und der Manager für Forschung, Entwicklung und Innovation. Dieses Board hat die Mission, die Innovationsstrategie zu definieren, für ein dynamisches, innovatives

Ökosystem zu sorgen (das auch Feedback der Kunden und des Marktes einbezieht) und Entscheidungen in den Bereichen der Innovationsinvestitionen und der Forschungsrichtung zu treffen.

Bei Rolls-Royce, einem Unternehmen, das Company Secretary Pamela Coles für die Fokussierung auf Innovationen lobt, werden Mitglieder des Boards mit unterschiedlichem Hintergrund paarweise zusammengestellt und besuchen dann die Niederlassungen. »Sie betrachten die Dinge unterschiedlich und stellen unterschiedliche Fragen«, sagt sie.[14]

Aber es genügt nicht, einfach nur einen speziellen Ausschuss oder eine Initiative zur Wertschöpfung einzurichten. Ein solcher Ausschuss muss auch eine Wirkung ausüben, die von allen interessierten Parteien wahrgenommen wird.

Ein Vorkommnis bei Procter & Gamble lieferte hierfür ein interessantes und aussagekräftiges Beispiel.[15] P&G hat einen Innovations- und Technologie-Ausschuss mit der Aufgabe, die Akquisition, Implementierung und Nachverfolgung der technischen und kommerziellen Innovationen zu beaufsichtigen. Anfang 2018 schloss sich jedoch der aktivistische Investor Nelson Peltz, der P&G-Aktien im Wert von rund drei Milliarden Dollar verwaltet, einer Aussage des Boards an, dass P&G in zwei Jahrzehnten keine einzige wichtige Marke mehr erfunden hat. Er bezeichnete die F&E-Abteilung als »Hobby« und forderte Kürzungen.

Unternehmen und ihre Führungsgremien müssen technische Innovationen vorantreiben und sie zur bereichsübergreifenden Priorität erklären. Laurie Yoler, eines der Gründungsmitglieder des Boards of Directors von Tesla und heute Board-Mitglied bei Church & Dwight, Zoox, Bose Corporation und Noon Home, erklärt: »Diese Probleme, denen Unternehmen heute gegenüberstehen, wie zum Beispiel der gesamte Themenkomplex des Cyberraums, entfalten eine so breite Wirkung, dass genau festzulegen ist, was das Board-Plenum prüfen muss und was an den Technologie-Ausschuss delegiert werden kann. Wie sollen alle Mitglieder je mit den technischen Begriffen und Themen vertraut werden, wenn sie immer nur an einen Ausschuss weitergegeben werden?«[16]

Eine globale Sicht auf die technologischen Kenntnisse in den Boards[17]

Anastassia Lauterbach, PhD, eine Technologie-Strategin, ist Gründerin und CEO von 1AU-Ventures Ltd. Sie ist Mitglied in den Boards of Directors von Dun & Bradstreet, Wirecard und Censhare und fungiert außerdem als Senior Adviser für McKinsey and Company. Dr. Lauterbach ist auch die Verfasserin eines neuen Buches mit dem Titel: *The Artificial Intelligence Imperative: A Practical Roadmap for Business.*

Welchen Kenntnisstand erleben Sie bei Ihrer Arbeit mit Boards?

Die IT ist heute zwar eine der wichtigsten Antriebskräfte für die Wettbewerbsfähigkeit, aber für die meisten Mitglieder in den Boards of Directors ist sie ein neues Feld, besonders in Europa. In deutschen Aufsichtsräten gilt beispielsweise sogar die Cybersicherheit als völlig neu. Die meisten Aufsichts- und Verwaltungsräte haben weder Informatik noch sonst ein technisches Fach studiert. Zudem sind viele weiche Faktoren am Werk. Viele Board-Mitglieder geben nicht gern zu, dass sie von IT nichts verstehen, oder sie bilden sich notgedrungen selbst weiter. Aber auch Techniker sind oft nicht sehr hilfreich. Sie drücken sich sehr fachsprachlich aus, verwenden viele Abkürzungen und können den »normalen« Mitgliedern der Geschäftsleitung ihre Visionen nicht verständlich machen.

Warum rekrutieren die Boards nicht mehr Mitglieder mit Fachwissen im IT-Bereich?

Weil es Probleme mit der Anpassung gibt. Wenn CISOs (Chief Information Security Officers) und Risikomanager den Interview-Prozess durchlaufen und offen mit der Führungsebene sprechen, heißt es hinterher meist:»Diese Leute wären eine tolle Gelegenheit, aber sie passen nicht wirklich zu unserer Kultur.« Darüber hinaus sind die meisten meiner Kollegen aus dem Technikbereich die Kultur im Board nicht gewöhnt, die überwältigend weiß, männlich und »grau« ist. Aus meiner Erfahrung aus Gesprächen mit Board-Mitgliedern, die über 65 Jahre alt sind, sind diese sehr an dem interessiert, was man zu sagen hat, und sie sind erstaunt über die Vorgänge in der Technik-Industrie, aber aufgrund des Kulturproblems unternehmen sie anschließend nichts. Es herrscht vermutlich ein unbewusstes Vorurteil. Menschen mögen das, was sie kennen. Wir alle umgeben uns im Unternehmen gern mit Menschen, die genau so sind wie wir. Aber Boards müssen anders denkende Personen oder Leute mit anderen Fachgebieten rekrutieren und fördern. Oft hängt alles davon ab, ob es dem Vorsitzenden gelingt, eine Kultur des Respekts und der Neugier zu etablieren.

Wenn sich mit der Zeit alle besser kennenlernen, fühlen sie sich auch wohler. Als ich noch die einzige Technikerin war, klinkten sich die anderen Board-Mitglieder meist völlig aus, während ich den CIO befragte. Nun, da noch ein weiterer Technologe im Board sitzt, engagieren sie sich stärker und stellen selbst aktiv mehr Fragen. Technologieangelegenheiten dürfen nicht nur den Board-Mitgliedern überlassen werden, die aus der IT kommen. Alle müssen sich dafür interessieren.

Welche Methoden haben sich Ihrer Beobachtung nach aufgrund der zunehmenden Geschwindigkeit der Informationen verändert?

Die Board-Mitglieder verbringen mehr Zeit mit Technik-Teams. Sie fördern den Austausch mit anderen Unternehmen in ihrem Netzwerk und sie wollen, dass Techniker an allen strategischen und operativen Diskussionen beteiligt werden. Board-Mitglieder geben untereinander auch Informationen von Konferenzen und aus ihrer Lektüre weiter.

Governance ist mehr oder weniger ein historisches Konzept und unsere aktuellen Rahmenbedingungen sind rückwärtsgerichtet, obwohl sie in der heutigen Zeit eigentlich in die Zukunft blicken sollten. Boards müssen erkennen, was sie nicht wissen, und das erfordert viel Mut. Sie müssen Fragen stellen und ehrlich zugeben können, was sie nicht verstehen, sonst sind sie nicht in der Lage, das heute nötige Maß an Aufsicht und Einsicht aufzubringen.

1.3 Verfolgen Sie die richtigen Kennzahlen und Trends

Wie können Board-Mitglieder externe Markttrends im Auge behalten und wissen, wie ihr Unternehmen reagieren muss, um weiterhin Wert zu erzeugen und aufrechtzuerhalten?

Eine perfekte Lösung sähe vielleicht aus wie in der bekannten Fernsehserie *Raumschiff Enterprise*. Die Board-Mitglieder würden wie Vulkanier geistig mit allen internen und externen Parteien verschmelzen – also mit Bereichsleitern, Geschäftsführern von Start-ups und den wichtigsten Konkurrenten, wichtigen Aktivisten und Investoren – und die neusten Informationen über F&E, Risiko, Marktgelegenheiten und so weiter in ihr Gehirn importieren. Mit der Logik eines Mister Spock würden sie die entscheidenden Punkte analysieren und daraus einen Überblick über die technische, kommerzielle und finanzielle Landschaft gewinnen, der als Grundlage des weiteren Vorgehens dienen könnte. Und wie Captain Kirk könnten sie dann mit Volldampf voraus ins Unbekannte vorstoßen, weil sie darauf vertrauen könnten, dass ihrer Crew kreative und innovative Lösungen für alle möglichen Hindernisse einfallen.

Bis solche Science-Fiction-Szenarien Wirklichkeit werden, müssen die Boards jedoch mit den vorhandenen Hilfsmitteln und Prozessen auskommen. Sie müssen Meetings und Events mit Kunden und Aktionären abhalten und IT-Anwendungen wie

Dashboards nutzen, die im Zuge der großen Welle der digitalen Transformation entstehen und sich ständig zu immer besseren Werkzeugen entwickeln.

Sie können aber auch auf geradlinigem Weg herausfinden, welche Themen bei Mitarbeitern und Kunden gerade aktuell sind: Gehen Sie einfach zu ihnen hin und reden Sie mit ihnen! Als Chip Bergh zum CEO von Levi's berufen wurde und dort ins Board of Directors eintrat, war eine seiner ersten Maßnahmen zur Ergründung des sinkenden Absatzes eine einmonatige »Zuhör-Tour«: Er traf sich mit 60 leitenden Managern.[18] Im zweiten Monat seiner Amtszeit ergab sich aus seinem ausführlichen Gespräch mit einem Kunden in Bangalore ein neuer Slogan: »Live in Levi's«.

Board-Mitglied Laurie Yoler erzählte von ihren eigenen Erfahrungen: »Wir haben gerade unser F&E-Zentrum besucht und uns angesehen, wie das Unternehmen Innovation und Entwicklung behandelt. Dieser Besuch war für das gesamte Board sehr wertvoll.«[19]

Doch das Tempo der digitalen Transformation bereite den Boards, die auf dem Laufenden bleiben wollen, große inhärente Schwierigkeiten, fügte sie hinzu. »Tech-Berater kommen in der Regel einmal zu den Board-Sitzungen und berichten. Das schafft nicht das gleiche Maß an Engagement und Nachhaltigkeit wie bei Wirtschaftsprüfern, externen Beratern oder Vergütungsberatern. Wenn man sich in einem Produktionsunternehmen beispielsweise voll auf ganz bestimmte Robotersysteme konzentriert, weil sie »genau jetzt« das Allerwichtigste sind, kann sich das in sechs Monaten schon wieder geändert haben.«

Dort, wo solche praktischen Ansätze nicht durchführbar sind, können sich Board-Mitglieder mit digitalen Dashboards einen Überblick über die Landschaft verschaffen. Innovationen bei der Datensammlung und -analyse machen eine bisher nie dagewesene Menge an Daten für die Entscheidungsfindung verfügbar, immer öfter sogar in Echtzeit. Der Trick bei solchen Dashboards und bei der Governance im Allgemeinen besteht darin, den Blick auf das Wesentliche zu richten.

Wie stark sollte ein Aufsichtsgremium in die Operationen eines Unternehmens involviert sein? Was sollten die Mitglieder wissen – wann und in welchen Einzelheiten? An welchem Punkt überschreitet informierte Aufsicht die Grenze zur Überlastung mit Informationen und Mikromanagement? Die Antworten auf diese Fragen unterscheiden sich von Unternehmen zu Unternehmen und sie ändern sich auch im Zuge der digitalen Entwicklung. Auf der Grundlage unserer Gespräche mit Board-Mitgliedern aus allen möglichen Industriezweigen und auf der ganzen Welt halten wir folgende Ausgangspunkte für sinnvoll:

- **Bleiben Sie bei Makrotrends auf dem Laufenden:** Heute gehören dazu sicherlich Blockchain, virtuelle Realität, erweiterte Realität, künstliche Intelligenz und Robotik.
- **Verengen Sie Ihren Fokus auf das, was wirklich zählt:** Aus all den Tausenden von Trends, die Sie in der externen Landschaft verfolgen könnten, müssen Sie diejenigen herauskristallisieren, die für Ihre Organisation am wichtigsten sind. Verfolgen Sie die Kennzahlen, die die Gesundheit und Leistung jedes Bereichs am genauesten anzeigen. Anschließend synthetisieren Sie diese in mögliche Chancen (und Risiken) für den Wert Ihres Unternehmens.
- **Stellen Sie provokative Fragen,** wie zum Beispiel: Fördert die aktuelle Reporting-Struktur den Erfolg? Spiegeln die Tech-Budgets die strategischen Prioritäten wider? Wie stehen Marke und Geschäftsmodell im Vergleich zur Konkurrenz (einschließlich neuer Marktzugänge) da? Ist irgendwo eine Erneuerung erforderlich, damit Ihr Unternehmen zeitgemäßer funktioniert?
- **Messen Sie den Erfolg** mit quantitativen Messdaten und Analysen und sorgen Sie dafür, dass Boni, Anreize und Beförderungen für das Management die Innovation fördern und nicht den sicheren Weg.

- **Führen Sie durch Ihr Vorbild:** Ihre Board-Mitglieder müssen sich auf Techniktrends einlassen, sie aktiv in die Strategie integrieren und Investitionsentscheidungen klar kommunizieren.

Bestimmte Bereiche werden immer wichtig für die Wertschöpfung bleiben, unabhängig von Ihrer geografischen Region, Ihrem Industriezweig und Ihrer Unternehmensgröße. Dazu gehören das Risikomanagement, das gesellschaftliche Engagement und die Fähigkeit, die Strategie zeitlich perfekt an neue Erkenntnisse anzupassen. Diese Bereiche werden im Folgenden noch genauer behandelt. An dieser Stelle befassen wir uns jedoch mit einem der wichtigsten Faktoren für erfolgreiche Wertschöpfung: den Menschen, die Sie in Ihr Führungsgremium holen, sowie den Strukturen und Prozessen, die Sie ihnen für ihre Arbeit an die Hand geben.

Die wichtigsten Erkenntnisse über Wertschöpfung

- **Verändern Sie die Dynamik im Führungsgremium.** Diversität ist entscheidend – sowohl für die Wertschöpfung als auch für die Resilienz. Neue Perspektiven führen zu tiefgründigeren, ergiebigeren Gesprächen und zu klareren Entscheidungen.
- **Weiten Sie die Informationsbeschaffung über das Sitzungszimmer hinaus aus.** Besuchen Sie andere Unternehmen, arbeiten Sie mit Experten und ermutigen Sie Ihre Kollegen im Board dazu, die großen Fragen zu stellen.
- **Machen Sie sich mit Technik vertraut.** Wenn Sie technologische Themen nur an einen Ausschuss delegieren, bleibt der Hauptteil des Gremiums bei Entscheidungen außen vor, die eine große Wirkung auf das Unternehmen entfalten können.
- **Vergessen Sie nicht die Mitarbeiter und Kunden.** Sprechen Sie mit den Mitarbeitern und Kunden, damit Sie erfahren, was Ihr Unternehmen tun muss, um Wert zu erzeugen und aufrechtzuerhalten.

- **Untersuchen Sie das Verhaltensprofil Ihres Führungsgremiums.** Welche Charakterzüge manifestieren sich darin und wie muss es sich möglicherweise verändern, damit mehr Wert geschöpft wird? (Informationen hierzu finden Sie in Kapitel 7.)

Bauen Sie Wert auf durch die richtigen Methoden und Personen[20]

Margaret Whelan ist eine leitende Managerin in der Immobilienbranche und Gründerin und CEO der Firma Whelan Advisory. Sie ist Mitglied in den Boards of Directors von TopBuild, Mattamy Homes, John Burns Real Estate Consulting und der Housing Innovation Alliance. Darüber hinaus ist sie in den Beiräten von vier Nonprofit-Organisationen tätig.

Welche Methoden haben insgesamt die größte Wirkung auf den finanziellen Erfolg?

Wichtig ist, von oben her den richtigen Ton und die richtigen Standards festzulegen, durch den CEO einen Wachstumsplan zu etablieren, ein engagiertes und häufig aufgefrischtes Board zu haben, damit laufend neue Energie und neue Ideen eingebracht werden, eine Innovationsstrategie zu entwickeln und immer wieder in neuen Bahnen zu denken. Aus meiner Sicht muss das Board dem CEO helfen vorauszusehen, was hinter der nächsten Ecke liegt. Das ist die wichtigste Aufgabe. Heutzutage ist das aber leichter gesagt als getan, weil die Digitalisierung das Tempo der Veränderungen und der Akzeptanz neuer Produkte und Dienstleistungen weiter beschleunigt.

Ein weiterer positiver Trend ist Qualität vor Quantität. Größe und Handlungsfähigkeit des Boards hängen eng zusammen. Sehen Sie sich an, wie groß die Boards von GE oder Wells Fargo sind, und was in diesen Unternehmen passiert ist. Es gab viele kluge Menschen, aber bei GE atrophierte das Geschäftsmodell und bei Wells Fargo förderte die Kultur eine schlechte Urteilsfähigkeit. Letztlich half es den Aktionären nicht, dass die Boards so viele Mitglieder hatten.

Sollte man bei der Auswahl der Personen nach ehemaligen CEOs suchen oder nach anderen Fähigkeiten, beispielsweise nach Personen der nächsten Generation mit Erfahrung im digitalen Bereich?

Wenn Sie hier Board-Mitglieder der nächsten Generation erwähnen, erinnert mich das an die Zeit vor fünf Jahren, als ich selbst den ersten Posten in einem Board anstrebte. Die Botschaft lautete: »Wir brauchen eine Frau im Board. Ihr Lebenslauf, Ihre Fähigkeiten und Ihre Leistungen sind egal, wir brauchen nur eine Frau.« Diese Positionen mied ich. In letzter Zeit liegt der Fokus auf jüngeren Mitgliedern, weil sie so vielfältige und wertvolle Perspektiven liefern können.

Heute sagen die Boards: »Wir brauchen jemanden, der ein bisschen jünger ist, weil diese Leute anders und oft effizienter arbeiten, leben und kommunizieren und daher so viel Wert zu geben haben.« Ich bin aus der Generation X, arbeite mit vielen Baby Boomern und frage mich, was die Millennium-Generation wohl denken mag. Warum sollten wir ihnen keinen Platz am Tisch lassen? In vielen Fällen kann ihre frische Perspektive – selbst wenn sie ihr volles berufliches Potenzial erst noch erreichen müssen – viel Wert in eine Gruppe von alternden Baby Boomern bringen, denen es oft an Einsatzwillen mangelt. PwC hat gerade die Ergebnisse einer Board-Studie veröffentlicht: Im zweiten Jahr in Folge gibt die Hälfte der Befragten an, dass mindestens einer ihrer Kollegen keinen Wert für das Unternehmen schafft. Eine junge Person mit frischer Perspektive ist eine große Verbesserung gegenüber einer Person, die sich nicht engagiert. Vielleicht müssen wir über eine andere Besetzung der Boards nachdenken und offener werden für hart arbeitende, jüngere Leute, die eine oder zwei Amtszeiten mitarbeiten. Sie sind besser als Manager im Ruhestand, die zu lange an ihrem Posten kleben.

Es gibt auch den Fall, dass jeder im Board sein Superheldenkostüm anlegt, weil jeder früher CEO, CFO oder ein anderer leitender Manager war. Diese Personen sind es gewöhnt, eine starke Meinung zu vertreten und großen Einfluss zu haben, und sie sind es nicht immer gewöhnt, dass sie sich einer Abstimmung beugen müssen. Hinter ihren starken Persönlichkeiten oder Meinungen verstecken sich oft die weniger durchsetzungsfähigen Mitglieder, die lieber schweigen und niemanden herausfordern, weil sie Angst haben, dann ihren Posten zu verlieren. In einem gut geführten Board hat aber jeder einen Platz am Tisch, eine gleichberechtigte Stimme und eine informierte Meinung, die er auch kundtut.

Haben Sie den Eindruck, dass die Unternehmen diverser werden?

Ich bin in der Wohnungs- und Baubranche tätig, die sehr männlich dominiert ist. Ich arbeite mit einer weiblichen CEO zusammen, die einer Wohnungsbau-Aktiengesellschaft vorsteht. Mehr als die Hälfte ihres Board of Directors ist mit Frauen besetzt und vor Kurzem wurde angekündigt, dass zwei weitere Frauen hinzukommen, sodass sie nun ein mehrheitlich weiblich besetztes Board hat – und das in einem Industriezweig, in dem in der Hälfte aller Boards nicht einmal eine Frau sitzt. Woher nimmt sie so viele fähige Frauen, wenn andere Firmen sagen, dass sie keinerlei fähige weibliche Kandidaten finden? Sie berief zwei sehr diverse Kandidatinnen, darunter eine aus dem Einzelhandel.

2 Der Aufbau eines widerstandsfähigen Führungsgremiums

»Die wichtigste Pflicht gegenüber den Aktionären lautet, dass es dem Unternehmen gut gehen muss. Dazu muss das Board resilient sein. Es muss nicht nur mit dem Tempo der Veränderungen Schritt halten, sondern den Managern helfen, ›um die nächsten Ecken zu sehen‹ – das bedeutet, es muss Risiken und die Wettbewerbsdynamik des Marktes vorhersehen.«[1]

Betsy Atkins

In der heutigen Welt kann man kaum noch dafür garantieren, dass nichts schiefgeht. Da Veränderungen einfach kommen, meist noch dazu sehr rasch, ist Anpassungsfähigkeit extrem wichtig. Denken Sie nur an die bisherigen umwälzenden Veränderungen in den Bereichen der Digitalisierung, des Marktes und der Regulierung allein im 21. Jahrhundert:

- die Verschiebung der B-to-C-Modelle (Business-to-Consumer) weg vom Ladengeschäft hin zum E-Commerce,
- das Aufkommen der sozialen Mediennetzwerke mit ihren Auswirkungen auf das Verbrauchermarketing, die Absatzmodelle und das Reputation Management,
- die Auswirkungen von Big Data,
- der verstärkte Druck auf Unternehmen, sich ihrer Wirkung auf Umwelt und Gesellschaft bewusst zu bleiben,
- neue Verbrauchergenerationen mit anderen Werten, Vorlieben und Kaufgewohnheiten.

Veränderungen – und die daraus resultierenden Fluktuationen bei den Unternehmen – sind nach den Worten von Corporate Director Margaret Whelan kein neues Phänomen: »Noch in den 1960er-Jahren blieben Unternehmen durchschnittlich 33 Jahre auf der Liste der ›S&P 500‹. Heute wird vorhergesagt, dass wohl knapp die Hälfte der ›S&P-500‹-Liste innerhalb der kommenden zehn Jahre ausgetauscht wird. Die Unternehmen werden entweder insolvent, aufgekauft oder geraten ins Trudeln und schrumpfen und der Hauptgrund dafür ist, dass sie sich nicht auf die technologischen Umwälzungen einlassen können. Sears ist gerade ein weiteres gutes Beispiel für dieses Phänomen.«[2]

Dennoch verändert sich das *Business as Usual* der Führungsgremien durch die revolutionären technologischen Umwälzungen gerade heute stärker denn je. »Das hohe Tempo der Veränderungen und die breite Vielfalt der Themen machen die [digitale Disruption] zu einer besonderen Herausforderung für Board-Mitglieder. Gerade hier ist es schwer, immer auf dem neuesten Stand zu sein«, sagt Corporate Director Laurie Yoler.[3]

Wie können Board-Mitglieder in dieser stets beschleunigenden Welt ihre Rolle so ausfüllen, dass sie ihr eigenes Gremium – ebenso wie das Unternehmen, dem sie dienen sollen – widerstandsfähiger und resilienter machen? Indem sie wie ein Kommunikationsnetzwerk denken und ihre Infrastruktur, Leistung und Zusammensetzung ständig überprüfen (siehe Abbildung 2.1).

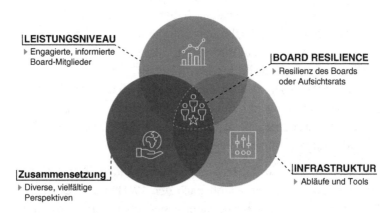

Abb. 2.1: Resiliente Boards achten auf Infrastruktur, Leistung und Zusammensetzung.

2.1 Resilienz durch Infrastruktur

Nach mehr als zehn Jahren in einer sehr volatilen Umgebung erkennen Führungsgremien heute, dass sie ihre bisherige Arbeitsweise anpassen müssen. Fünfjahrespläne, die oft schon nach 18 Monaten überholt sind, weichen beispielsweise einem agileren Ansatz der Entscheidungsfindung. Laut Corporate Director Betsy Atkins dreht sich heute alles darum, mit dem Tempo der Veränderungen Schritt zu halten. Dazu müsse man möglichst vielfältige Personen ins Board berufen und die Mitglieder dann so schulen, dass sie aktiv auf die Dynamiken der Märkte achteten, weil selbst ein so erfolgreiches Unternehmen wie GE plötzlich feststellen könne, dass es irrelevant geworden sei. Niemand könne sich mehr auf seinen Lorbeeren ausruhen, nicht einmal für kurze Zeit. Board-Mitglieder müssten ihr Unternehmen ansehen und sich fragen: »Steht uns das gleiche Schicksal bevor wie Blockbuster Video oder Borders Books, weil wir neue Geschäftsmodelle nicht beachten?«[4]

Doch das Überleben in der heutigen Unternehmenswelt hängt nicht nur von steter, aktiver Planung ab, sondern auch von den Reaktionen auf plötzliche Veränderungen und auch Krisen. Verfügen die Boards bereits jetzt über Strukturen und Prozesse, mit denen sie Risiken erkennen, bevor sie sich zu Katastrophen entwickeln? Viele Faktoren, die zu Krisen führen, haben nichts mit dem Board zu tun, beispielsweise die gefälschten Konten und der Betrug bei Wells Fargo oder auch die umfangreiche Verletzung des Schutzes der Kundendaten bei Equifax. Dennoch spielten sich die Krisen beider Unternehmen unter den Augen des Boards ab. In vielen Fällen gab es keine Prozesse, mit denen die beteiligten Faktoren (wie Interessenskonflikte oder mangelnde Aufsicht) auf Board-Ebene identifizierbar gewesen wären. Und ebenso wenig gab es Prozesse, mit denen man geeignete Aktionen hätte ergreifen können.

Schwächen in diesen beiden Aspekten der Wertschöpfung lassen sich durch eine Stärkung der Kultur, der Strukturen und der Prozesse der Good Governance beheben. Eine stärkere Kultur führt dazu, dass respektvolle Anfragen und konstruktive Kritik gefördert werden – das Aussprechen ebenso wie die Akzeptanz –, dass kritisches Denken erlaubt ist und dass vielfältige Meinungen eingeholt werden. Manchmal gehört auch dazu, dass die Mitglieder ein dynamisches Selbstbild entwickeln – ein »Growth-Mindset«, wie es die Psychologin Carol Dweck nennt, das das lebenslange Lernen betont und Misserfolge als Gelegenheiten betrachtet, aus denen man lernt und wächst.

Was die Struktur betrifft, so können die Boards die Rolle des CEO und des Board-Vorsitzenden trennen. Das vermeidet mögliche Interessenskonflikte, stärkt und sichert die Unabhängigkeit der Board-Mitglieder, fördert die Vielfalt und stärkt die Rolle der Ausschüsse.

Ein Prozess, der die Resilienz des Boards stärkt, ist beispielsweise die Evaluierung der Mitglieder. »Da wir beobachten, dass die Performance-Management-Tools für Mitarbeiter inzwischen oft mehr als nur einmal pro Jahr angewendet werden, sollten wir vielleicht auch häufiger Feedback über die Leistung des Boards einholen«, sagt Laurie Yoler.[5]

Für die ständig unter Zeitdruck stehenden Boards ist es eine große Versuchung, die Evaluierung als reine Pflichtübung zu betrachten. Da aber die geschäftlichen Risiken und die Volatilität der Wirtschaft immer stärker zunehmen, kann eine schwache Leistung des Boards ein Unternehmen, seine Investoren und andere gefährden. Laut der Unternehmens- und Personalberatungsfirma Russell Reynolds ist darüber hinaus zu erwarten, dass aktivistische Investoren die Leistungen der Board-Mitglieder immer intensiver unter die Lupe nehmen werden, um Einfluss auf die Entscheidungsprozesse und die Zusammensetzung der Boards zu gewinnen.[6]

Jede Organisation mit einem Board of Directors oder Aufsichtsrat sollte jährliche Evaluierungen durchführen, auch wenn sie nicht dazu verpflichtet ist. Die Gremien sollten diesen Evaluierungsprozess sogar begrüßen, denn er dient als Sprungbrett für neue Erkenntnisse, Aktionen, Unternehmensleistung und Wachstum. Regelmäßige Beurteilungen liefern einen Überblick über die Bereiche, die Aufmerksamkeit erfordern – wie beispielsweise die besten Methoden zum Umgang mit sensiblen Kundendaten. Daraufhin können entsprechende Entwicklungspläne aufgestellt werden.

Worauf sollten Board-Mitglieder und andere Governance-Verantwortliche also bei der Entwicklung der Beurteilungskriterien achten? Was ist wichtig bei einer Matrix, bei Bewertungen und anderen Tools zum Aufbau und zur Stärkung der Resilienz eines Boards oder Aufsichtsrats?

2.2 Messen Sie die richtigen Dinge

Der Evaluierungsprozess muss direkt zum Kern effektiver Leistung vordringen. Zu den Kriterien für effektive Leistung gehören beispielsweise:

- Vorbereitung (oder deren Mangel),
- Fachwissen,
- genaue und richtige Beurteilung aller Angelegenheiten des lokalen, nationalen und internationalen Rechts,
- Kenntnis und Befolgung von aktuellen Methoden der Cybersicherheit. Dies ist besonders wichtig in der heutigen Zeit des Phishing, der Malware und der übrigen vielfältigen Bedrohungen aus dem Cyberraum.
- Möglichst umfassende Kriterien und Fragen für Evaluierungen. Viele Organisationen bewerten die Board-Leistung nur

anhand eines einzigen Fragebogens. Die Ergebnisse solcher Evaluierungen sind häufig sehr verzerrt und geben nur begrenzten Einblick in die Leistung der einzelnen Mitglieder. Darüber hinaus gibt es mittlerweile Online-Ressourcen zur leichteren Durchführung, zum Ausfeilen des Formats und zur Umsetzung der Ergebnisse in konkrete Aktionen.[7]

2.3 Online-Tools liefern bessere Erkenntnisse und mehr Offenheit

Wenn Evaluierungsbögen ausgeteilt und per Hand oder E-Mail eingesammelt werden oder wenn gar Geschäftsleitungsassistenten den Board-Mitgliedern persönlich hinterherlaufen müssen, damit diese ihre Formulare ausfüllen, kostet das nicht nur viel Zeit und Mühe, sondern es verletzt auch die Anonymität. Demgegenüber bietet ein automatischer Beurteilungsprozess, beispielsweise über ein sicheres Online-Portal, viele Vorteile. Die Informationen fließen nicht nur schneller und einfacher an mehrere Orte und Beteiligte, sondern er garantiert auch Anonymität und erhöht so die Wahrscheinlichkeit, dass das Board ehrliche, ungefilterte Bemerkungen erhält. Anhand derart frei geäußerter Informationen können die Boards Risiken erkennen und sich früher mit heiklen Situationen befassen, bevor sie sich zu Krisen entwickeln.

Darüber hinaus haben Governance-Fachleute mit solchen Online-Formularen (wenn sie anpassbar sind) mehr Freiheiten. Sie können vielfältige Fragen stellen und sich auf die Leistungskriterien konzentrieren, die in der Situation wichtig sind: von »kommt vorbereitet in die Sitzungen« über »trägt wertvolle Erkenntnisse bei« bis hin zu »bringt wichtiges Fachwissen und ein hohes Kompetenzniveau mit«.

Zudem lassen sich mit digitalen Evaluierungstools Daten aus vielfältigen Kompetenzbereichen und über längere Zeiträume hinweg sammeln, und das in einem digitalen Format, mit dem man auch zukünftig gut Analysen durchführen kann. Wenn Sie digitale Evaluierungen mit Daten-Analysen paaren, erhalten

Sie ein aussagekräftiges Dashboard, das Schwachpunkte ebenso aufzeigt wie Trends und mit dem das Board die eigene Leistung steigern kann.

2.4 Laufende Weiterbildung und Verbesserung

Auf die Frage, wer für die Resilienz verantwortlich sei – jedes einzelne Mitglied oder das Board als Ganzes –, betonte Corporate Director Betsy Atkins die Bedeutung des proaktiven Lernens von Seiten der Board-Mitglieder. Sie müssten vor allem ständig informiert bleiben: »Man lauscht nicht nur den eigenen Gewinnmeldungen, sondern auch denen der Konkurrenten. Man liest Berichte von Analysten und verfolgt die Branchenberichte von Forrester, Gartner, McKinsey, Accenture und Bain. Außerdem sollte man auf die Informationen achten, die von Futuristen wie Mary Meeker und von Veranstaltungen wie dem Global Innovation Summit + Week oder Ressourcen wie dem MIT kommen.«

»Jeder sollte die Makrotrends im Auge behalten, sowohl in der eigenen als auch in anderen Branchen, denn sie wirken sich auf die Geschäftstätigkeit aus«, fügte sie hinzu. »Vor zehn Jahren war Mobilität der Makrotrend und heute gilt sie beim Design aller Produkte als wichtigste Anforderung (*mobile first*). Wie lauten also die heutigen Makrotrends? Künstliche Intelligenz und maschinelles Lernen. Zudem gibt es neue Geschäftsmodelle wie *Marketplaces* und Makrotrends wie die *Gig Economy*.«[8]

Kurz: »Board-Mitglieder dürfen nicht mehr nur passive Empfänger der Mitteilungen ihres Unternehmens sein. Sie müssen eigene Informationsnetzwerke aufbauen. Und wenn sie bald persönlich verantwortlich gemacht werden können, müssen sie auf der Höhe der Zeit bleiben.«

2.5 Resilienz durch Leistung

Kommunikationsnetze können es sich nicht leisten, dass in einigen Zweigen schwachen Signale oder gar Störungen auftreten und dass andere Bereiche sogar ganz ausfallen. Ebenso wenig können Organisationen in den heutigen Zeiten der Veränderung und Volatilität tolerieren, dass die Leistung ihrer Aufsichtsräte oder Board-Mitglieder abnimmt.

Merline Saintil, die einen Sitz in den Boards von Banner Corporation und Nav Inc. innehat, drückt es so aus: »Wir befinden uns mitten in einer beschleunigten und extrem herausfordernden Veränderung.«[9]

Vor allem in dieser Umgebung, erklärte sie, »ist es wichtig, sich für verschiedene Perspektiven zu öffnen und zu verstehen, dass nicht immer Einigkeit herrschen muss. Das Beste an den beiden Boards, in denen ich Mitglied bin, ist meiner Ansicht nach, dass die Mitglieder einander wirklich fordern. Aus manchen Meetings kommt man völlig erschöpft heraus, weil man stundenlang tief in Ideen eingetaucht war, die oft völlig neue Denkanstöße lieferten, aber genau so sollte es sein.«

Board-Mitglieder müssen agil, klug und engagiert sein – und die Boards selbst resilient: So lautet die Herausforderung und gleichzeitig die Chance der nächsten Generation von Governance-Führungspersönlichkeiten. Wie können Boards und Aufsichtsräte ihre Erfolgswahrscheinlichkeit erhöhen?

2.6 Sitzungen neu gestalten

Der Ablauf der Sitzungen von Führungsgremien aus dem 20. Jahrhundert ist den Herausforderungen der digitalen Transformation des 21. Jahrhunderts nicht mehr gewachsen. Denken Sie einmal darüber nach: Sie haben Dokumente – oft mehrere hundert Seiten lang –, die meist sehr genau auf alle Einzelheiten eingehen und wenig schlagkräftige Analysen enthalten. Die Mitglieder blättern durch digitale Dokumente oder dicke Papierwerke, die schon wochenlang im Voraus erstellt wurden – Material, das im Fall eines Cyberangriffs, einer Regulierungsänderung, eines Manövers von aktivistischen

Investoren oder einer bahnbrechenden, neuen Entwicklung, die erst nach der Verteilung bekannt wurde, augenblicklich veraltet und wertlos wäre. Der traditionelle Aufbau der Sitzungen, der meist längere Folienpräsentationen mit wenig gegenseitigem Austausch vorsieht, erstickt oft offene, ehrliche und handlungsorientierte Diskussionen. Die heutige Umgebung mit ihren rasanten Veränderungen erfordert dagegen eine rechtzeitige Verteilung genau der richtigen Informationsmengen, mit denen Entscheidungen in Echtzeit getroffen werden können.

Bei Netflix werden die Board-Meetings seit einiger Zeit effektiver gestaltet. Einige Tage vor der Sitzung erhalten die Board-Mitglieder ein kurzes Online-Memo, das sie durchlesen müssen. Es dauert in der Regel vier bis sechs Stunden, bis man es aufgenommen hat.[10] Die Board-Mitglieder können vor und während des Meetings Fragen stellen und Anmerkungen in das elektronische Dokument einfügen. Die Manager der Unternehmensleitung können dann die Fragen beantworten und den Text nach Bedarf anpassen. Auch andere Firmen haben ihren Kurs in ähnlicher Weise neu ausgerichtet. Laut Pamela Coles wurden bei Rolls-Royce sowohl das Format als auch die Länge und der Fokus der Managementberichte an das Board umfassend überholt – und zwar auf der Grundlage des Feedbacks der Board-Mitglieder, die genau angeben, was sie brauchen und was ihnen Zeit erspart.

Durch digitale Tools und Änderungen des Ablaufs können die Boards eine effizientere Vorbereitung leisten, effizienter diskutieren und außerdem auch nachfassen und handeln. Die Board-Mitglieder sollten sich dabei aber nicht zu sehr auf eine Verkürzung der Sitzungsdauer fixieren. Kürzere Meetings sind nicht notwendigerweise besser und man sollte die Themen nicht zu schnell bis zum letzten: »Vertagt!« durchpeitschen. Im Kern sollte es stattdessen um die Maximierung des Werts der Sitzungen gehen.

Corporate Director Margaret Whelan berichtete von ihren Erfahrungen im Board einer staatlichen Wohnungsbaugesellschaft.

»Wir setzen uns in jedem Quartal zusammen und halten ein Brainstorming über das Unternehmen und die Strategie ab. Ich finde das sehr viel wertvoller [als kurze Meetings]. Es gibt niemanden, der nicht mit am Tisch sitzt, weil alle so engagiert sind, dass es einfach unmöglich ist, sich ›abzumelden‹.«[11]

2.7 Stärkere Entscheidungen das ganze Jahr über

Das Streben nach mehr Resilienz in der Leistung erstreckt sich über die vierteljährliche Sitzung hinaus. »Die Erwartungen an die Board-Mitglieder steigen ständig. Es ist fast so, als könne man jeden Tag beim Aufwachen über einen neuen Verantwortungsbereich lesen«, sagte Corporate Director Nora Denzel, die Mitglied in den Boards von AMD, Ericsson und Talend Software ist. »Als Board-Mitglieder müssen wir uns stetig weiterentwickeln und verbessern und dabei kann uns die Technik helfen.«[12]

Es gibt Online-Tools, mit denen Informationen leichter zu finden und Entscheidungen leichter nachzuvollziehen sind. Zudem vereinfachen sie die Zeitplanung, den Austausch der nötigen Dokumente und die Kooperation. (Ein wichtiger Warnhinweis: Diese Tools *müssen* sicher sein.) Doch die Technologie sei nur ein Teil des Leistungspuzzles, warnt Denzel.

Bei der Gestaltung der zugrundeliegenden Prozesse müssten Effizienz und Produktivität im Vordergrund stehen. Ausschüsse müssten leicht gebildet, durchgeführt und aufgelöst werden können. Es müssten nicht nur die richtigen Personen zusammensitzen, sondern sie müssten auch die Möglichkeit haben, in einer vertrauensvollen und ehrlichen Umgebung miteinander zu sprechen: »Sobald die Gemeinschaft ins Spiel kommt, muss alles vollkommen vertraulich behandelt werden und es darf nicht bekannt werden, welche Bemerkungen von welchen Mitgliedern stammen«, sagte sie.

»Menschen, Prozess und Technologie – diese drei müssen vereint sein.«

Margaret Whelan führte das Beispiel von Wells Fargo an, wo gefälschte Kundenkonten zu einer Strafe von einer Milliarde Dollar führten, und auch die Tatsache, dass GE nach 110 Jahren aus dem Dow-Jones-Index genommen wurde.»Angesichts dieser Unternehmen sollten wir uns fragen: ›Wie konnte es so schnell so weit kommen?‹ Dort gab es so viele kluge Leute und doch verkümmerte das Geschäftsmodell.«[13]

Board-Resilienz aus der Sicht der nächsten Generation[14]

Erin Lantz ist Vice President und General Manager für Hypothekendarlehen bei der Zillow Group, Mitglied im Board of Directors von TrueCar, Inc. und ehemaliges Mitglied im Board of Directors von Washington Federal.

Welche Schritte kann ein Board zur Stärkung der Resilienz unternehmen?

Als Erstes muss es sich für eine Neubewertung seiner Zusammensetzung öffnen. Obwohl es inzwischen ziemlich bekannt ist, dass Vielfalt die Unternehmensergebnisse verbessert, sollten Sie echte Statistiken in diese Diskussionen einbringen, damit sie auf Fakten gegründet sind. Der CEO, der Vorsitzende und die Leiter der Nominierungs- und Governance-Ausschüsse haben in diesen Gesprächen besonders gewichtige Stimmen und können die Richtung hin zu Veränderungen beeinflussen, aber nicht nur sie sind dafür verantwortlich. Alle Board-Mitglieder können und sollten sich an diesen Gesprächen beteiligen und sie zu ihrer Sache machen. So können Boards eine Pipeline aufbauen und verschiedene geeignete Kandidaten im eigenen Netzwerk identifizieren.

Wenn das Board die Pipeline auf eine möglichst große Vielfalt von Kandidaten erweitert, sollte es auch die nächste Generation in Betracht ziehen, denn sie bringt neue Sichtweisen mit. Jüngere Board-Mitglieder, die mehr von Technologie verstehen, bringen entscheidend wichtige Standpunkte an den Tisch.

Was glauben Sie, welche Wirkung entfalten Sie persönlich, da Sie eine Frau sind und der nächsten Generation angehören?

In beiden Boards bin ich das einzige Mitglied der nächsten Generation. Ich gehe davon aus, dass die anderen Mitglieder meine Perspektive für nützlich erachten – weil es sie vorher nicht gab. Ich bringe meine aktuellen Erfahrungen aus meiner Tätigkeit als leitende Managerin in einem rasch expandierenden Technologieunternehmen ein, ebenso wie mein Netzwerk und eine einzigartige Sichtweise auf die Evaluierung unserer Wachstumsstrategie. Aus diesen Gründen stelle ich am Ende meist andere Fragen, über die sich das Management Gedanken machen muss.

In welchem Stadium sollten Boards über Diversität nachdenken?

Es herrscht oft die Annahme, dass Gedankenvielfalt oder eine vielfältige Zusammensetzung erst in einem späteren, reiferen Stadium an Bedeutung gewinnt. Zwar sind die Boards anfangs meist klein und können nicht so viele Personen mit verschiedenen Standpunkten aufnehmen, aber ich denke dennoch, dass es möglich und wichtig ist, der Diversität von Anfang an eine hohe Priorität beizumessen. Bei einem bekannten Messaging-Unternehmen war eine der ersten Angestellten eine weibliche Entwicklerin. Das ist vielleicht scheinbar keine große Sache, aber sie bewirkte, dass andere folgten. So wurde das Unternehmen als hervorragender Arbeitgeber für alle möglichen Ingenieure bekannt. Meiner Meinung nach entgehen Ihnen zahlreiche Gelegenheiten, wenn Sie warten.

2.8 Resilienz durch gute Zusammensetzung

Bisher untersuchten wir, wie sich die Arbeit des Boards optimieren lässt. Überlegen wir nun, *wen* Sie als Mitglieder auswählen sollten, denn auch dies ist eine machtvolle Strategie zur Stärkung der Widerstandsfähigkeit.

2 Der Aufbau eines widerstandsfähigen Führungsgremiums

Im Idealfall sollten zahlreiche verschiedene Stimmen am Tisch vereint sein. Wenn unter den Mitgliedern des Führungsgremiums vielfältige Hintergründe, Fähigkeiten und Erfahrungen vertreten sind, werden die Organisationen wesentlich wahrscheinlicher auf potenziell katastrophale Entscheidungen aufmerksam und können sie rechtzeitig zurücknehmen. In einer eher homogenen Gruppe ist es dagegen wahrscheinlicher, dass eine solche Entscheidung blind akzeptiert und durchgewinkt wird.

Die charakteristischen Arten der Entscheidungsfindung quer durch die Verhaltensprofile der Führungsgremien werden in Kapitel 7 ausführlich dargestellt. Insgesamt lässt sich aber feststellen, dass es von Vorteil ist, wenn sich die Mitglieder weder als reine »Aufpasser« noch als »Durchwinker« betrachten, sondern als »strategische Partner«. Sie strukturieren dann alle Gespräche und Tagesordnungen durch diese Linse und forschen aktiv nach andersartigen Informationen – vor allem nach Meinungen und Sichtweisen, die ihren eigenen widersprechen.

Nach unseren Beobachtungen können die Führungsgremien dadurch viel besser nachvollziehen, wie die einzelnen Mitglieder zu einer bestimmten Entscheidung gelangten. Wenn diese Entscheidung vorteilhaft war, ist das sicher wichtig, aber andernfalls ist es sogar noch wichtiger. Da strategische Partner die Probleme derart gründlich durchdenken, können sie Rückschläge meist auch viel schneller überwinden als andersgeartete Führungsgremien.

Größere Vielfalt ist kein schmückendes Beiwerk mehr. Im Zeitalter der #MeToo-Bewegung, der aktivistischen Investoren und der strengeren Anforderungen an die Diversität, die große, institutionelle Investoren immer öfter stellen, wird sie langsam unverzichtbar.[15] State Street Global Advisors stimmten 2017 gegen die Wiederwahl der Board-Mitglieder von rund 400 Unternehmen, weil sie zu wenig divers waren. Glass Lewis, ein Beratungsdienstleister für institutionelle Investoren, kündigte an, dass das Unternehmen seinen Klienten ab 2019 empfehlen werde, bei Unternehmen ohne weibliche Board-Mitglieder gegen die Vorsitzenden der Nominierungsausschüsse zu stimmen.

»In einem Gremium mit lauter älteren, weißen Männern schlug ich einmal vor, dass wir uns über die Etablierung einer bestimmten Mindestzahl von weiblichen Mitgliedern Gedanken machen sollten, um wenigstens eine Art von Gleichgewicht herzustellen. Eines der männlichen Mitglieder reagierte sehr feindselig und sagte sofort: ›Ich wäre niemals in einem Board gesessen, in dem das der Fall gewesen wäre.‹ Doch so sehen die Erfahrungen der meisten weiblichen Board-Mitglieder aus.«[16]

Margaret Whelan

Eine Umfrage zum Thema Board-Governance der National Association of Corporate Directors aus dem Jahr 2017 zeigt noch Lücken auf zwischen dem eher homogenen Status quo und der Zielsetzung größerer Diversität.[17] Zwar drücken 52 Prozent der leitenden Manager und externen Board-Mitglieder einen Wunsch nach vielfältigeren Kandidaten aus, aber gleichzeitig geben 39 Prozent an, dass einzigartige Fähigkeiten und Hintergründe schwer zu finden seien.

Vielfältige Sichtweisen machen Führungsgremien relevanter, widerstandsfähiger und innovativer. Im Folgenden sehen Sie einige Gedanken darüber, wie sich die Vielfalt fördern lässt.

2.9 Setzen Sie Tools ein, die die Lücken aufspüren – und legen Sie Vorurteile auf den Prüfstand

Wo gibt es Lücken in den aktuellen Perspektiven Ihres Boards? Eine Matrix kann Ihnen einen vollständigen Überblick über die Fähigkeiten und das Wissen aller Board-Mitglieder geben: M&A-Erfahrung, Ansichten über Schwellen- und Zukunftsmärkte, Kenntnis der Generationen- und Demografie-Trends sowie die Fähigkeit zur Identifizierung und Minderung von Risiken.

Anhand von Evaluierungen können Unternehmen ein »Profil« der aktuell im Board vertretenen Fähigkeiten und Branchenkenntnisse erstellen und etwaige Lücken erkennen, die neue Kandidaten ausfüllen sollten. Dies ist auch sehr hilfreich für die Nachfolgeplanung. Falls einmal ein Topmanager der C-Suite oder ein externes Board-Mitglied kurzfristig und unerwartet ausscheiden sollte, haben vorbereitete Unternehmen ein klares Bild von den Bedürfnissen ihres Führungsgremiums und finden daher leichter geeigneten Ersatz.

Corporate Director Dr. Anastassia Lauterbach gibt folgenden Hinweis: »Boards müssen ihre Profile genauer ausarbeiten und sich darüber klar werden, welche Bereiche sie noch verstärken sollten. Wenn man beispielsweise nach Expertise im Bereich Cybersicherheit sucht, muss man ganz genau wissen, welche Unternehmensprobleme behoben werden sollen, und dann muss ein Fachmann für diese speziellen Gebiete gefunden werden. Jemand, der weiß, wie man Netzwerke abschirmt, ist vielleicht nicht die richtige Person, wenn es darum geht, technische Innovation in Wettbewerbsvorteile umzumünzen.«[18]

2.10 Nutzen Sie neue Quellen für Nachwuchstalente

Beschränken Sie sich bei der Suche nach neuen Board-Mitgliedern nicht auf die vorhandenen Netzwerke. »Board-Mitglieder, die neue Kandidaten nur in ihren bestehenden Netzwerken suchen, stellen letztendlich oft fest, dass diese den derzeitigen Mitgliedern sehr ähnlich sind. Deshalb ist eine Fähigkeiten-Matrix, egal ob formell oder informell, oft sehr nützlich, wenn es darum geht, objektiv diejenigen Erfahrungen und Fähigkeiten zu ermitteln, die neue Board-Mitglieder haben sollen«, sagt Erin Lantz, Vice President und Leiterin des Bereichs für Hypothekendarlehen bei der Zillow Group. »Darüber hinaus können einzelne Board-Mitglieder auch persönlich ihre eigenen Netzwerke ausdehnen und dafür sorgen, dass sie eine größere Vielfalt von Kandidaten beinhalten. Dazu gibt es neue

Ressourcen, wie beispielsweise theBoardlist, oder sie können bei Organisationen wie Next Gen Board Leaders nachfragen, bei Tagungen und Fortbildungen Kontakte mit den Mitgliedern anderer Boards knüpfen und sich auch an Wagniskapitalgeber wenden, denn diese haben meist sehr gute Verbindungen zu Managern aus technisch orientierten Unternehmen und Board-Mitgliedern aus privaten Firmen. Vielfältigere Kandidaten bringen dann ihre Netzwerke mit und setzen so einen Kreislauf in Gang, der immer breitere Mitglieder-Empfehlungen ermöglicht.«

Überarbeiten Sie die Kriterien für neue Mitglieder. Wie Corporate Director Margaret Whelan berichtet, gibt es in der Wohnungsbauindustrie »sehr viele Herausforderungen, die wir nicht vorhersehen konnten, wie zum Beispiel die dramatischen Auswirkungen der neuen Handelszölle auf die Erschwinglichkeit von Häusern oder den Mangel an ausgebildeten Fachkräften. Dringend notwendige Innovationen kommen oft nicht von ehemaligen Vorständen, es sei denn, sie können echte Erfahrung in diesem Bereich vorweisen.«[19]

Und wie findet man Board-Mitglieder mit der richtigen Kombination von Fähigkeiten und Perspektiven? Margaret Whelan empfiehlt keine Headhunter, sondern einen persönlicheren Ansatz. »Ich gehe zu vielen Veranstaltungen, wo ich Leute kennenlerne und persönliche Verbindungen knüpfen kann. Ich glaube, dass gute Boards immer im Voraus eine Liste der Fähigkeiten erarbeiten, die sie brauchen werden, und dass ein Outsourcing dieser Suche nicht so attraktiv ist, wie wenn man selbst einen geeigneten Kandidaten ausfindig macht.«[20]

2.11 Konzentrieren Sie sich auf die Vorteile der Vielfalt

Selbst fortschrittliche Technologien, breiter gefächerte Suchen und die probeweise Aufnahme neuer Kandidaten bringen aber natürlich nur begrenzte Erfolge, wenn die Unternehmenskultur nicht unterstützend wirkt. Stefanie K. Johnson, Associate Professor für Management and Entrepreneurship an der Leeds School of Business der University of Colorado (USA) untersuchte die Einstellung der CEOs zur Diversität in Führungsgremien.[21] Die CEOs, die mehr Diversität forderten, konzentrierten sich auch stärker auf die Vorteile, die sie mit sich bringt. CEOs, die nicht aktiv auf mehr Diversität hinarbeiteten, waren dagegen stärker auf die Risiken fixiert. Sie fürchteten beispielsweise, dass ein Mitglied als »Quotenerfüller« gelten oder die Gruppendynamik stören könnte.

Nach den Worten von Corporate Director Betsy Atkins »gibt es kein einziges Unternehmen, das die Auswirkungen der Technologie nicht zu spüren bekommt, und deshalb denke ich, dass jedes Board einen Kern aus zwei oder drei digitalen Fachkräften braucht. Sie müssen zudem eine globale Perspektive haben, besonders in multinationalen Unternehmen. Die Ausnahme ist vielleicht der Einzelhandel: Konzepte wie Costco, für die man riesige SUVs und viel Lagerraum braucht, lassen sich schwer aus Nordamerika auf Europa übertragen. Aber die meisten anderen Industriezweige sind multinational.«[22]

Auf der Suche nach vielfältigen Kandidaten sollten Sie über die bestehenden Netzwerke und Personalberatungsfirmen hinaus auch die Universitäten und die Netzwerke ihrer Absolventen in Betracht ziehen. Außerdem sollten Sie die Finanz- und Wagniskapital-Community ebenso unter die Lupe nehmen wie andere Unternehmen innerhalb und außerhalb Ihres Industriezweigs.

Vielfältige Standpunkte helfen, der Veränderung einen Schritt voraus zu bleiben[23]

Betsy Atkins, CEO und Gründerin der Baja Corporation, ist Mitglied in den Boards of Directors von Cognizant, Wynn Resorts, SL Green Realty, Schneider Electric und Volvo Cars.

Wie baut man ein wirklich resilientes Board auf?

Der Weg zu einem starken und widerstandsfähigen Board führt über die Förderung der Diversität. Selbstverständlich braucht man Mitglieder mit branchenspezifischen Kenntnissen, das ist Voraussetzung, ebenso wie Finanzexperten, die den Vorsitz im Rechnungsprüfungsausschuss übernehmen können. Aber es kommt vor allem darauf an, wie Sie mit dem Tempo der Veränderungen Schritt halten. Dazu braucht das Board eine globale, internationale Perspektive und technisches Fachwissen sowie natürlich auch die Fähigkeit, so unterschiedliche Meinungen zu einer Einheit zu verweben.

Wie stellen Unternehmen sicher, dass die diversen Board-Mitglieder immer zur rechten Zeit die richtige Menge an Informationen erhalten?

Wenn ich einem Ausschuss vorsitze oder gar die Vorsitzende des Boards bin, lade ich Redner ein, die mit uns an Arbeitsessen teilnehmen. Ich finde, bei einem ausgedehnten Arbeitsessen lässt sich die Kameradschaft am besten fördern. Wir bestellen Essen in den Hauptsitz der Firma und laden zwei oder drei Redner dazu ein. Für ein wichtiges, schwieriges Thema wie die digitale Transformation hole ich zum Beispiel jemanden von McKinsey, Bain oder Booz Allen und dann diskutieren wir darüber, wie unser Unternehmen davon betroffen ist.

Meiner Meinung nach erreicht man auf diese Weise sehr gut, dass sich das Board engagiert, begeistert und als Team zusammenarbeitet. Es lernt die externen Dynamiken verstehen, die auf das Unternehmen einwirken werden.

2.12 Bauen Sie ab jetzt ein resilientes Board auf

Unternehmen können nicht warten, bis eine Krise droht. Sie müssen schon vorher an die Widerstandskraft des Boards denken. Da ständig neue Geschäftsmodelle und Technologien entstehen, können sich Start-ups mit zehn Mitarbeitern ebenso in wenigen Jahren – wenn nicht gar Monaten – zum nächsten Uber oder Airbnb entwickeln wie etablierte Firmen mit vielen tausend Mitarbeitern. Je nach Größe und Alter einer Firma und abhängig vom Verhaltensprofil ihres Boards verlaufen diese Entwicklungen allerdings unterschiedlich.

»In der Gründungsphase ist das Board meist sehr engagiert – aber es gibt nur wenige oder gar keine Ausschüsse, keine Dokumentation und keine technischen Tools wie beispielsweise Board-Portale«, sagt Corporate Director Laurie Yoler.[24]

Ein Start-up ist vielleicht sogar in der luxuriösen (oder anstrengenden) Lage, die Infrastruktur, Tools, Prozesse und die Diversität von Grund auf neu und richtig zu gestalten. Etwas länger etablierte Unternehmen haben dagegen zwar oft schon einige Strukturen eingerichtet, kämpfen aber dafür mit dem Change-Management, wenn sie auf neue Operationsmethoden umsteigen müssen.

Die wichtigsten Erkenntnisse über Resilienz

- **Richten Sie Strukturen und Prozesse ein, mit denen Sie Risiken erkennen, bevor sie sich zu echten Krisen ausweiten.** Dazu gehört, dass Sie konstruktive Kritik fördern und annehmen, dass Sie selbst kritisch denken, dass Sie respektvolle Anfragen ermutigen, vielfältige Optionen suchen und offen für Veränderungen bleiben.
- **Führen Sie jährlich anonyme Evaluierungen durch, auch wenn sie nicht vorgeschrieben sind.** Ja, einschließlich einer Messung der individuellen Leistungen jedes Board-Mitglieds.
- **Streben Sie immer danach, sich weiterzubilden und zu verbessern.** Dazu gehört, dass Sie über die Makrotrends innerhalb und außerhalb Ihrer eigenen Branche Bescheid wissen.
- **Digitalisieren Sie die Board-Meetings.** Elektronische Dokumente und moderne Meeting-Strukturen fördern meist offene, handlungsorientierte Diskussionen.

- **Holen Sie vielfältige Stimmen an den Tisch.** Diverse Hintergründe, Fähigkeiten und Fachkenntnisse helfen dabei, potenziell katastrophale Entscheidungen rechtzeitig zu erkennen. Erstellen Sie eine Fähigkeiten-Matrix, damit Sie erkennen, was Ihnen fehlt, und pflegen und erweitern Sie Ihre Netzwerke auf Universitäten und deren Absolventen-Netzwerke sowie die Finanz- und Wagniskapital-Community – um nur ein paar zu nennen –, damit Sie selbst geeignete Kandidaten finden.

3 Die immer stärkere Rolle des Aufsichtsgremiums im Risikomanagement

Die Resilienz des Boards of Directors oder Aufsichtsrats gewinnt besonders in dem heutigen, sehr unbeständigen, transparenten und risikoreichen Wirtschaftsumfeld immer stärker an Bedeutung. Was die Führung nicht weiß – oder nicht beachtet –, kann extreme Schäden verursachen. Nehmen Sie als Beispiel die vorsätzliche Verletzung der Emissionsstandards, die bei Volkswagen zu mehr als 30 Gerichtsprozessen, einem Kursverlust von 40 Prozent am Aktienmarkt und zur Abberufung des Vorstandschefs führte. Oder denken Sie daran, dass sich fünf staatliche Pensionskassen der Klage gegen das Management und die Board-Mitglieder von Wynn Resorts Ltd. angeschlossen haben.[1] Die Anschuldigung lautet, dass die Mitglieder des Boards of Directors Kenntnis von dem fortgesetzten sexuellen Fehlverhalten von CEO Steve Wynn hatten – Belästigung, Missbrauch und Angriffe auf Angestellte –, aber nichts dagegen unternahmen.

CEOs, Chief Risk Officers, Board-Mitglieder, Aufsichtsräte und andere werden verklagt, geschmäht und verlieren ihre Posten, weil sie nicht wussten oder beachteten, was unter ihrer Aufsicht geschah. Da Führungsgremien für immer mehr Risiken verantwortlich gemacht werden, müssen die Mitglieder ihre Fähigkeiten im Bereich des Risikomanagements verbessern – und das lieber heute als morgen.

Immer mehr in den Vordergrund geraten hier auch die Bedrohungen aus dem Cyberraum, die seit 2017 explosionsartig zunehmen. Cyberangriffe werden immer ausgefeilter, ebenso wie die Regularien, die in Reaktion auf diese neuen Bedrohungen in Kraft getreten sind. Die Datenschutz-Grundverordnung der EU, die im Mai 2018 in Kraft trat, um die Datenschutzbestimmungen in den EU-Ländern zu vereinheitlichen, hatte beispielsweise spürbare Auswirkungen auf die Sicherheits- und Compliance-Anforderungen an Unternehmen weltweit.[2]

Verletzungen der Verordnung können Unternehmen bis zu vier Prozent ihres Jahresertrags an Strafe kosten.

Während die Unternehmen und ihre Manager und Boards mit den Veränderungen ringen, sieht die Welt zu. Im Bereich der Sicherheit sind die Analysten der Wall Street inzwischen in der Lage, die »Cyberrisiko-Ratings« der Unternehmen zu bewerten. Ein FICO-ähnliches Punktesystem zeigt – mithilfe von Tools wie BitSight und Security Scorecard –, wie anfällig ein Unternehmen für Datenschutzverletzungen ist.

Wie können Board-Mitglieder sich über Veränderungen und Bedrohungen in diesem Bereich auf dem Laufenden halten – und zwar ständig? Wie erkennt man am besten die roten Fahnen, noch bevor sie Schwierigkeiten verursachen? Und wie können Aufsichtsrat und Management am besten zusammenarbeiten, um rechtzeitig die richtigen Maßnahmen zu ergreifen?

Wir schlagen vor, dass Sie das Verhaltensprofil Ihres Boards – das »Board Behavioral Profile« – untersuchen, die dringendsten Bedrohungen identifizieren und beobachten und dass Sie sich vorsorglich darauf vorbereiten, allen denkbaren Schwierigkeiten zu begegnen.

3.1 Evaluieren Sie, wie Ihr Board an Risiken herangeht

Start-up-Unternehmen haben alle Gelegenheiten der Welt direkt vor der Haustür. In puncto Governance sind sie jedoch sehr anfällig für alle möglichen Schwächen.

Organisationen, die weniger als zehn Jahre alt sind, weisen sehr wahrscheinlich die Verhaltensweisen eines »Gründer-Boards« auf, die wir in Kapitel 7 noch ausführlich darlegen werden. Die Mitglieder sind oft noch nicht sehr erfahren und nutzen kaum Tools und Dokumentationen zu ihrer Unterstützung. Gründer-Boards folgen in der Regel dem Management, statt es infrage zu stellen, und sie sind meist stark auf Effizienz fokussiert.

Da die Abläufe meist noch sehr informell sind und es oft nur wenige bis gar keine externen, unabhängigen Board-Mitglieder gibt, ist Konsens meist die Norm – kritische Fragen oder abweichende Meinungen werden unterdrückt.

Start-ups verharren jedoch nicht für immer in dieser Phase und ihre Governance-Methoden müssen sich im Gleichschritt mit den zunehmenden Risiken weiterentwickeln. Nehmen Sie zum Beispiel das Mitfahr-Phänomen Uber, das 2009 gegründet wurde. Im Jahr 2017 hatte das Unternehmen 14 000 Mitarbeiter und mehr als eine Million Fahrer. Gleichzeitig ermittelte der Leitende Staatsanwalt der USA (US Attorney General) gegen das Unternehmen, weil man dort Meldungen über sexuelle Belästigung von Angestellten nicht angemessen nachgegangen war.[3]

Der Mitbegründer Travis Kalanick trat von seinem Posten als CEO von Uber zurück – durfte aber weiterhin im Board of Directors bleiben und dort die Kontrolle über drei Sitze ausüben. Im September 2017 ernannte er zwei neue Board-Mitglieder.[4] Laut der Beschwerde eines frühen Uber-Investors hielt Kalanick überdies wichtige, relevante Informationen darüber zurück, was mit dem Unternehmen passierte, bevor das Board für eine Kontrolle dieser Sitze stimmte.

Ein Board mit einer starken Kultur kritischer Fragen und Diskussionen, in dem gegenseitiges, aber nicht blindes Vertrauen herrscht, hätte diese Probleme wahrscheinlich erkannt und möglicherweise abgemildert. Zudem hätte ein Board mit mehr Governance-Erfahrung die ganze Kalanick-Situation von Anfang an stärker aus dem Blickwinkel dessen betrachtet,»was möglicherweise schiefgehen könnte« und nicht aus der Sicht »haben wir alle Checkpunkte abgehakt?«

Trotz all dieser Bemerkungen genügt es aber auch nicht, Risiken lediglich als »Compliance«-Problem zu betrachten. Auf den ersten Blick scheint die Konzentration auf Compliance ideal geeignet, auch das Risikomanagement in den

Griff zu bekommen, weil sie die formalisierten Prozesse betont, mehr unabhängige Board-Mitglieder bringt und die Compliance-Anforderungen durch Online-Tools erfüllt, zum Beispiel mit Online-Resolutionen, Abstimmungen, Notizen und Board-Evaluierungen.

Doch selbst mit diesen Taktiken entdeckt und bekämpft man nicht alle Risiken. Wenn die Board-Mitglieder zwar Fragen stellen, die Antworten aber immer nur vom Management erhalten, übersehen sie weiterhin wichtige Signale, wenn die Probleme genau beim Management liegen.

Board-Mitglieder in führenden Organisationen nehmen eine wesentlich aktivere Rolle ein. Sie gehen strategische Partnerschaften oder gar Coaching-Beziehungen mit den leitenden Managern ein. Sie kümmern sich um das Gesamtbild und holen Informationen von Dritten ein. Sie stellen detaillierte Fragen – und betrachten die Antworten kritisch, vor allem, wenn kurzfristige Gewinne nur auf Kosten erhöhter Risiken zu erwirtschaften sind. Sie sind daher auch besser in der Lage, die Risiken in der volatilen, unsicheren, komplexen und sich stets weiterentwickelnden Umgebung aufzuspüren und mit ihnen fertig zu werden.

Corporate Director Margaret Whelan drückt es so aus: »Wachstum darf nicht die [einzige] Strategie sein. Es hat keinen Sinn zu wachsen, wenn daraus keine attraktive Kapitalrendite entsteht und wenn die Risiken nicht beherrschbar sind.«[5]

Checkliste: Tools und Taktiken zum Abschauen und Anwenden

Führungsgremien können ihr Risikomanagement durch aktive, vorausschauende Handlungen stärken, darunter:

- Ergänzung der Berichte des Managements durch Daten von Dritten,
- Evaluierung der Compliance, des Risikos und der Board-Effektivität anhand von Scorecards,

- Zusammenarbeit auch außerhalb der und zwischen den Meetings mit sicheren Online- Kommunikationstools,
- Weiterbildung der Mitglieder über Risiko-Themen wie Diversität und Umweltprobleme (auf die wir weiter hinten in diesem Kapitel noch eingehen werden),
- Knüpfen von Netzwerken mit gleichgestellten Kollegen in anderen Organisationen und Industriezweigen.

3.2 Einschätzung und Beobachtung von Bedrohungen

»Sie müssen nicht unbedingt die Herkunft jeder Phishing-Attacke kennen, aber Sie müssen wissen, was Phishing ist.«[6]

Laurie Yoler

Hinsichtlich der Risiken gibt es laut dem Technologie-Manager Ralph Loura oft eine Art Grauzone. »Das Management kann sagen: ›Hey, es hat doch die festgelegte Schwelle noch nicht überschritten‹, und daher wird entschieden, die Informationen nicht weiterzugeben. Irgendwann später müssen sie die Informationen dann publik machen und dann stehen sie schlecht da, weil zwischen dem Vorfall und der Information bereits drei Wochen vergangen sind.«[7]

Die Aufsichtspflicht verleiht dem Board of Directors die Macht, eine Sorge zur Priorität des ganzen Unternehmens zu erklären, eine Untersuchung einzuleiten und Handlungen einzufordern. Bei der Aufsicht über das Risiko sollte man allerdings zuerst wissen, wo man hinsehen muss. Die zweite Herausforderung besteht darin, die Risikolandschaft möglichst feinmaschig zu überwachen, ohne im Unterholz steckenzubleiben.

Loura empfahl dem Board, »sich bereits in diese Unterhaltung einzuschalten, solange sie noch ein abstrakter Gedanke ist. Dann können Sie es durchdenken, Sie können mitreden und Sie können sich besser vorbereiten als später im Ernstfall, wenn Sie in Echtzeit reagieren müssen.«[8]

Risiko kann viele Gestalten annehmen: politisch, wirtschaftlich, juristisch und ökologisch, um nur einige zu nennen. Zunehmendes Risiko geht für Unternehmen aller Größenordnungen von Cyberattacken aus – und die Folgen eines ungenügenden Managements sind potenziell katastrophal.

»Wir stecken mitten in immer schnelleren, beängstigenderen Veränderungen. Das betrifft die Bedrohungen aus dem Cyberraum ebenso wie die Wirkungen neuer Technologien auf die normalen Geschäftsabläufe«, sagt Corporate Director Merline Saintil. Lange Zeit gab es für die Führungsgremien keine Richtlinien im Umgang mit den immer höher entwickelten Cyber-Risiken. »Zumindest bevor das *NACD Cyber-Risk Oversight Handbook* herauskam, war es sehr schwer, Best Practices festzulegen, an die Board-Mitglieder sich hätten halten können.«[9]

Die Technologie ist ein zweischneidiges Schwert. IT kann hervorragend dabei helfen, Risiken zu erkennen und zu vermindern – aber nur bis zu einem gewissen Grad. Myriaden von Softwarelösungen können, wenn sie richtig eingesetzt werden, die Sammlung und Analyse von Daten unterstützen. Denken Sie dabei nur an Sensoren, Spreadsheets, Graphen und Datenanalysen sowie mobile Dashboards, Online-Desktops und interaktive Dokumente, die Informationssammlung in Echtzeit ebenso ermöglichen wie Kooperation und schnelle Benachrichtigungen.

Selbst die fortschrittlichsten Tools können jedoch manchmal wichtige Nuancen oder Ahnungen, die Menschen aus persönlicher Beobachtung oder früheren Erfahrungen ableiten, nicht vermitteln. Dashboards und Analysen bedeuten wenig, wenn man den Gesamtzusammenhang nicht kennt. Und zahlreiche sensible und schwierige Themen dürfen außerhalb des Sitzungsraums weder diskutiert noch schriftlich dokumentiert werden.

Wie auch an anderer Stelle in diesem Buch festgehalten wird, gibt es hinsichtlich der Wertschöpfung, Strategie und anderen

3 Die immer stärkere Rolle des Aufsichtsgremiums im Risikomanagement 73

Dingen manchmal einfach keine gute Alternative zum persönlichen Gespräch – mit dem Management, wichtigen Abteilungen wie der Sicherheit oder F&E, Investoren und anderen Parteien. Im Risikomanagement sind diese Interaktionen vielleicht sogar das wirkungsvollste (oder einzige) Mittel, »unbekannte Unbekannte« zu entdecken, die am Horizont auftauchen.

Wenn IT in Kombination mit zwischenmenschlichen Interaktionen eingesetzt wird, sind die Ergebnisse oft beeindruckend. McKinsey untersuchte Methoden, die in der Öl- und Automobilindustrie eingesetzt werden. In diesen Sektoren kann bereits eine Explosion oder eine Rückrufaktion verheerende Folgen haben.[10] Bei einer Firma fanden in Reaktion auf Sicherheitsberichte von Außenstellen ausführliche Gespräche über Probleme und mögliche Aktionen statt.

Nelson Chan, der Vorsitzende des Boards of Directors von Adesto Technologies und Board-Mitglied bei Deckers Outdoor Corporation, berichtete von seinen Erfahrungen: »Wir besprechen die Problembereiche Cyberrisiko und Technologie bei jedem Board-Meeting. Auf einem Dashboard sehen wir uns alle Vorfälle an, die mit Cyber-Sicherheit zu tun haben, zum Beispiel Phishing-Versuche und deren Erfolgsrate, sowie unsere Aktionen zu ihrer Abwehr oder Abschwächung.«[11]

Ralph Loura fügte hinzu: »Wenn man die Board-Mitglieder über ihre persönliche Sicherheit aufklärt, beispielsweise über die Risiken an öffentlichen WLAN-Hotspots, werden sie besser damit vertraut und können diese Themen auf ihre Unternehmen extrapolieren.«[12]

Corporate Director Merline Saintil äußerte folgenden allgemeinen Ratschlag: »Bleiben Sie bescheiden, hören Sie nie auf zu lernen und bleiben Sie wachsam, weil die Risiken – und ganz besonders die Cyberrisiken – dynamisch sind und sich laufend verändern.«[13]

Boards rüsten ihre Cybersicherheit auf[14]

Ralph Loura ist Technologieberater für REL Advisory, ehemaliger Chief Technology Officer bei Rodan + Fields und ehemaliger Chief Information Officer bei Hewlett-Packards Enterprise Group und The Clorox Company.

Welche Rolle spielt Ihrer Meinung nach das Board bei Cyberrisiken?

Ich glaube, die Boards werden sich immer stärker der Tatsache bewusst, dass der Cyberraum ein Risikomanagement-Problem ist, das die gesamte Firma betrifft und vom Board beaufsichtigt werden muss. Meiner Ansicht nach war das nicht immer so. Früher nahmen die Boards das Thema nur unscharf wahr oder sie achteten nur deshalb darauf, weil sie nicht auf der Titelseite des *Wall Street Journal* enden wollten. Boards dürfen die Cybersicherheit heute nicht mehr als IT-Thema abtun, sondern müssen sie als Unternehmensrisiko betrachten, und sie müssen vom Management regelmäßig über wichtige Neuerungen, Fortschritte, Veränderungen sowie die damit verbundenen Herausforderungen unterrichtet werden. Im Allgemeinen beachten die Boards diesen Bereich heute stärker und sie entwickeln ein besseres Verständnis für ihre Rolle bei der Beaufsichtigung, für die Budget- und Personalanforderungen und für die Notwendigkeit eines regelmäßigen Rhythmus und Rahmens.

Sollten Boards einen Cyberexperten an Bord holen?

Im Allgemeinen bin ich dafür, dass Boards einen Experten von außen beauftragen sollten – zum Beispiel einen ihrer externen Berater, eine Rechtsanwaltskanzlei oder eine große Beraterfirma –, der die Best Practices hinsichtlich der Technologie erläutert und die Board-Mitglieder über ihre Verantwortlichkeiten und Vorbereitungen aufklärt. Immer häufiger kommt es vor, dass

Boards auch bei ihrer eigenen Zusammensetzung dafür sorgen, dass sie die nötige Expertise und Erfahrung mit Cybersicherheit, Technologie und anderen verwandten Themen haben. Es ist sinnvoll, Mitglieder mit mehr Erfahrung im digitalen Bereich zu berufen, und ich bin sicher, dass viele Boards gerade genau das tun. Aber ich würde ihnen raten, sehr sorgfältig zu überlegen, wie sie diese Personen betrachten und auswählen und welche Rolle sie ihnen zugestehen. Sie sollten nicht das Pendant zum exotischen Technik-Außenseiter in der Firma bilden, der lediglich bei Diskussionen über technische Dinge hinzugezogen wird. Es darf nicht sein, dass man ihnen ansonsten nicht zuhört oder sie an anderen Aspekten des Unternehmens nicht beteiligt. Tatsache ist, dass man ein weiteres Board-Mitglied beruft, das nicht nur für den digitalen Bereich zuständig ist, sondern voll in alle Aufgaben integriert werden muss.

Sollte der CIO oder CISO dem Board berichten, statt dem CEO?

Das ist meiner Ansicht nach nicht sinnvoll. Es könnte die Umsetzung der Strategie verzerren. Vor allem der CIO sollte unbedingt dem CEO berichten. Beim CISO findet gerade eine Debatte statt: Wenn er nicht dem CEO berichtet, wem dann? Dem COO oder CFO oder einer Person außerhalb des IT-Bereichs? Der CISO sollte jedenfalls vom CIO unabhängig sein und sich nicht seinen Prioritäten oder seinem Einfluss unterordnen müssen. Gleichzeitig muss er operational sehr eng mit dem CIO zusammenarbeiten. Die beiden müssen ihre Tools exakt im Gleichschritt einrichten, verwalten und den Betrieb überwachen und so weiter. Zwischen diesen beiden muss einerseits enge Koordination und Gleichtakt herrschen, andererseits sollten sie unabhängig sein. Das könnte man durch Berichts-Beziehungen oder durch eine gepunktete Linie erreichen, die festlegt, dass der CISO auch dem Leiter des Risikomanagements berichtet, der wiederum entweder der Leiter der Rechtsabteilung oder der Finanzvorstand sein könnte.

3.3 Sollte der Finanzprüfungsausschuss die Cyberrisiken delegieren?

Aufgrund der internationalen Rechnungslegungsvorschriften für Unternehmen (International Financial Reporting Standards) von 2006 und der genaueren Prüfungen seit der Finanzkrise von 2008/2009 tragen Rechnungsprüfungsausschüsse seither auch Verantwortung für das Risikomanagement außerhalb des reinen Finanzbereichs: in den Bereichen Operation, Technologie, Rufschädigung, Betrug, Steuer, Prozessrisiko und darüber hinaus.[15]

Immer stärker dehnt sich die Verantwortung auch auf die Cybersicherheit aus. Aber ist das wirklich gut so? »Wir hatten diese Diskussion gerade in einem meiner Boards«, sagte Laurie Yoler. »Brauchen wir einen Technologie- oder Cyberexperten? Sollten wir einen Technologieausschuss einrichten und würde dieser dem Rechnungsprüfungsausschuss oder dem Plenum tatsächlich Arbeit abnehmen?«[16]

Die Best Practices hinsichtlich der Cyberrisiken sind gerade in der Entwicklung begriffen, aber sicher ist, dass es nie die eine, richtige Methode zur Strukturierung der Aufsicht des Boards geben wird. Die Entscheidung, wer für das Cyberrisiko »zuständig ist«, muss stattdessen auf der Grundlage des jeweiligen Industriezweigs, der Vorgeschichte an Cyberbedrohungen, den vorhandenen Fähigkeiten im Board, der aktuellen Ausschussstrukturen und so weiter getroffen werden. (Auch eine Betrachtung des Verhaltensprofils wäre hier sicher oft hilfreich. Mehr dazu in Kapitel 7.)

Boards können ihr Risikomanagement insgesamt mithilfe folgender Maßnahmen stärken:

- Regelmäßige Prüfung von Berichten über Bedrohungen, Angriffe und Sicherheitsmaßnahmen.
- Ausreichend Zeit in der Sitzungstagesordnung zur Besprechung der Cyberrisiken.
- Laufende Trainings- und Supportmaßnahmen rund um die Cybersicherheit, damit die Board-Mitglieder nicht selbst zu Risikofaktoren werden.

- Durchführung jährlicher Sicherheitsprüfungen.
- Ausarbeitung und regelmäßige Tests (mindestens einmal pro Jahr) eines Reaktionsplans auf Cyberkrisen auf Board-Ebene.

Checkliste: Zusammenarbeit mit dem CIO/CISO

Wie können Board-Mitglieder mit dem CIO/CISO kooperieren, damit sie den Bedrohungen trotzen und die Risiken managen können? Es folgen hier Tipps von Ralph Loura:[17]

- **Bauen Sie eine Beziehung zum CIO und CISO auf.** Ermuntern Sie beide, Sie über die Entwicklungen auf dem Laufenden zu halten – und nicht nur Entwicklungen im Unternehmen, sondern im gesamten Industriezweig.
- **Fragen Sie.** Fordern Sie den CIO/CISO auf, seine Ansichten über hervortretende Muster und die Risikomanagement-Landschaft mitzuteilen. Haben Sie keine Angst, dass Ihre Fragen vielleicht naiv klingen. Gerade daraus ergeben sich oft die besten Unterhaltungen. Beginnen Sie mit: »Was schütze ich hier? Unseren guten Ruf? Daten? Die privaten Daten Ihrer Kunden? Handeln Sie auch Ihren Worten entsprechend?« Wenn jemand beispielsweise sagt, die Kundendaten seien der wertvollste Vermögenswert, er aber wenig Zeit und Mühe auf den Schutz dieser Kundendaten verwendet, dann handelt er nicht nach seinen Worten. Fragen Sie anschließend, wie das Unternehmen seine Ressourcen auf den Schutz dieser strategischen Vermögenswerte verteilt. Gibt es ein unternehmensweites Risikomanagement-Gerüst, das angemessen mit Personal und Geld ausgestattet ist? Fragen Sie, wo das Unternehmen potenziell angreifbar ist und was das Management unternimmt, um die Sicherheit auch außerhalb der eigenen vier Wände zu garantieren.

- **Verändern Sie Ihre eigenen Sichtweisen.** Jahrzehntelang betrachteten Boards die CIOs als unterstützende Mitarbeiter, die die Abläufe automatisieren und teure Managementsysteme verwalten sollten. Man holte sie hin und wieder für bestimmte Fragen ins Zimmer, betrachtete sie aber nicht als relevant für die Strategie. Dies verändert sich in direktem Verhältnis zur zunehmenden Digitalisierung in allen Sektoren. Heute gilt der CIO als die Person mit der entscheidenden Erfahrung für Diskussionen zum Thema der digitalen Umwälzungen in den traditionell nicht-digitalen Industriezweigen.

3.4 Seien Sie auf alles gefasst (denn es wird wahrscheinlich eintreten)

Sollte einmal etwas passieren – eine Umweltverschmutzung, ein Netzwerkausfall oder eine ähnliche Unterbrechung des Geschäftsablaufs, ein Skandal im Management oder etwas völlig Neues, worauf das Board nicht gefasst war –, dann erwarten die Kunden, Stakeholder, Investoren und Aktivisten eine Reaktion, die von ganz oben angeführt wird.

Wie können Sie als Board-Mitglied oder andere Governance-Fachkraft gemeinsam mit dem Management angemessen reagieren? Mit den Worten der Pfadfinder: »Sei bereit.« Und eine solche Bereitschaft beginnt mit einem Plan.

Nehmen wir als Beispiel einen erpresserischen Cyberangriff. Die Schadenssummen von Cyberangriffen mit sogenannter Ransomware, bei denen kriminelle Akteure die Netzwerke und Daten eines Unternehmens übernehmen und sie nur gegen eine Geldzahlung wieder freigeben, haben seit 2015 um das 15-Fache zugenommen. Im Jahr 2019 wird laut eines Berichts von Cybersecurity Ventures vom Oktober 2017 schon alle 14 Sekunden ein weiteres Unternehmen zum Opfer einer solchen Ransomware-Attacke.[18]

- Wie würde Ihre Organisation erkennen, dass ein Angriff erfolgt?
- Woher würden Sie wissen, dass Ihre Systeme nicht mehr sicher sind?
- Wie hoch wäre der Schaden für Ihr Unternehmen, wenn es mehrere Tage oder Wochen lang keinen Zugriff auf die Daten hätte?
- Wer wäre für die Kommunikation mit Behörden, Medien, Mitarbeitern, Kunden, Investoren und Stakeholdern verantwortlich?
- Wie würden Sie die Auswirkungen auf die Geschäftstätigkeit und das Jahresergebnis minimieren (mit anderen Worten: Haben Sie einen Plan für die Fortsetzung der Geschäftstätigkeit oder ihre Wiederherstellung nach einer Katastrophe)?

Board-Mitglieder, die eine treuhänderische Verantwortung für die Gesundheit ihrer Unternehmen tragen, müssen Teil dieser Reaktion sein. Sie müssen sicherstellen, dass sie eine Antwort auf diese Fragen kennen und gemeinsam mit dem Management zeitnah einen effektiven Plan umsetzen können. (Was den Zeitrahmen betrifft, so verlangen die Datenschutz-Grundverordnung der EU-Kommission und andere ähnliche Regulierungen in den USA eine Reaktion innerhalb von 72 Stunden.) Der Plan muss schriftlich vorliegen und – was vielleicht noch wichtiger ist – er muss erprobt worden sein, damit er auch sicher funktioniert.

Schreibtischübungen, sogenannte Tabletop-Exercises, werden zur Vorbereitung auf Notfälle und Katastrophen immer beliebter. In Branchen wie der Erdöl- und Erdgasindustrie werden sie schon lange eingesetzt. Meist werden hier im Lauf eines halben oder ganzen Tages mehrere Krisenszenarien durchgespielt[19], doch auch kürzere Übungen können schon effektiv sein. Einige Regulierungsbehörden fördern sie aktiv. So führt das Finanzministerium der USA mit globalen Finanzunternehmen Tabletop-Exercises für Cybersicherheit durch und entwickelt mit weiteren Bundes- und Bundesstaatlichen Behörden eine Reihe von sehr gut praktikablen Übungen. Zudem hat es eine Vorlage für Tabletop-Exercises für kleine und mittlere Finanzinstitute erstellt.

Abgesehen von solchen unmittelbaren Krisen müssen die Governance-Fachleute zusammen mit dem Management das Unternehmen auch ansonsten möglichst gut gegen Risiken absichern und risikobeständig machen.

»Eine der wichtigsten Maßnahmen des Boards besteht darin, dafür zu sorgen, dass es einen Reaktionsplan gibt und dass er getestet wurde«, meinte der Technologie-Manager Ralph Loura. »Das Board sollte den Reaktionsplan des Managements überprüfen. Sie müssen kein Experte für Cybersicherheit sein, um sich mit Krisenmanagement auszukennen.«[20]

3.5 Die richtigen Personen finden und kultivieren

Nutzen Sie Weiterbildungen und Schulungen in Bereichen, in denen sich Risiken auftun. Denken Sie an und planen Sie voraus für Fähigkeiten in den Bereichen Cybersicherheit, Einhaltung der Regularien, technische Innovationen wie künstliche Intelligenz und Internet der Dinge (Internet of Things, IoT) oder auch Geopolitik. Manchmal eröffnen gerade Board-Mitglieder, die selbst bereits eine bestimmte Art von Krise, Umwälzung oder digitaler Transformation mitgemacht haben, die wertvollsten Sichtweisen.

Ralph Loura lieferte Tipps für die Seite des Managements: »Mein Rat an andere CIOs oder CISOs, die das Board unterrichten müssen, lautet: Geben Sie dem Board sehr ehrliche, häufige und regelmäßig aktualisierte Informationen. Sprechen Sie immer vom Unternehmen, den Risiken, Vorbereitungen und so weiter und vermeiden Sie zu technische Erläuterungen, wenn es irgend möglich ist. Das Wichtigste ist – und ich kann es gar nicht genug betonen – dass Sie nicht versuchen dürfen, eine Situation für das Board schön zu reden oder zu verdrehen. Bleiben Sie fair, offen und sprechen Sie deutlich aus, was Sie gerade tun, wo noch Risiken lauern und warum diese Risiken noch bestehen. Vielleicht sind sie kaum lösbar oder sie erfordern noch mehr Ressourcen? Ihre Rolle besteht darin, das Unternehmen zu verbessern. Sie sollen nicht das Board glücklich machen.«[21]

3.6 Die richtigen Prozesse implementieren

Hierzu gehört oft das Datenmanagement (definieren Sie, wie, wo und wie lange Informationen gespeichert werden und wer Zugriff auf sie hat). Ebenso gehört dazu die Verwaltung der Geräte (Sie müssen wissen, wie Laptops, Telefone und Tablets verwendet werden und wie sie für den Zugriff auf das Unternehmensnetzwerk missbraucht werden könnten). Boards müssen zusammen mit dem Management dafür sorgen, dass diese Prozesse kontinuierlich geprüft, überwacht und aktualisiert werden, damit Lücken sofort aufgespürt werden und die Effektivität gewährleistet ist.

Corporate Director Nelson Chan sprach in diesem Zusammenhang vom Nutzen eines Cyberausschusses im Board, der diese Aufgaben übernehmen könnte. »Der Ausschuss übernimmt eine ähnliche Rolle wie der Rechnungsprüfungs- oder der Vergütungsausschuss: Die Mitglieder setzen sich eine bis zwei Stunden vor Beginn der Plenumssitzung mit Experten zusammen und gehen mit ihnen die Einzelheiten durch. Anschließend berichten sie die Zusammenfassung dem Board und erwirken Entscheidungen. Sie können so den gegenwärtigen Stand des Unternehmens feststellen und möglicherweise eine Sicherheitsprüfung und ein versuchtes Eindringen in das Unternehmensnetzwerk koordinieren. Dann vergeben sie Punkte, die das Board prüfen kann, und daraufhin wird ein Handlungsplan vorgeschlagen.«[22]

Nelson Chan fuhr fort: »Der Ausschuss kann herausfinden, welche wertvollen Vermögenswerte möglicherweise in Gefahr sind, den Plan testen und dem Board berichten. Sind unsere Schutzmaßnahmen auf dem richtigen Niveau? Haben wir einen Reaktionsplan? Sind wir hoch genug versichert? Beobachten und prüfen wir ständig die Situation?«[23]

Ralph Loura betonte die Notwendigkeit gründlicher und fordernder Fragen: »Boards sollten sich den Reaktionsplan genau ansehen und das Management fragen: Unter welchen Umständen informieren wir die Öffentlichkeit? Müssen wir alle Kunden benachrichtigen? Unter welchen Umständen schalten wir die Polizei ein? Werden wir im Fall einer Sicherheitsverletzung eine dritte Partei mit Untersuchungen beauftragen? Haben wir Tabletop-Exercises und Übungen für dieses Szenario durchgeführt? Wie sicher und schnell können wir reagieren?«[24]

Prüfen Sie auch Ihre Deckungssumme für Cyberrisiken im Versicherungsfall (ebenso die Versicherung für Directors & Officers / Aufsichtsräte und Vorstand):

- Wie hoch ist die Versicherungsleistung bei Datenschutzverletzungen?
- Setzt sie voraus, dass schriftliche Richtlinien für Cybersicherheit sowie ein Reaktionsplan vorliegen? Welche Dokumentationen müssen Sie erstellen, damit Sie den Versicherungsbedingungen genügen?
- Ist die Police auch auf das einzigartige Risikoprofil Ihres Unternehmens zugeschnitten?
- Sieht die Police die neuesten Bedrohungen, Regulierungen und technischen Entwicklungen in diesem Bereich vor, der sich ja ständig weiterentwickelt?

Nach einer Krise und der erfolgten Reaktion sollten Sie eine Untersuchung durchführen: Welche Best Practices haben Sie daraus gelernt? Was hätten Sie anders machen sollen? Als Beispiel hierfür soll ein Blog-Eintrag dienen, den der President und CEO von Hancock Health[25] verfasste. Er trägt den Titel »The Cyber Attack from the POV of the CEO« (»Der Cyberangriff aus der Sicht des CEO«) und dokumentiert sehr ausführlich einen Angriff, die Reaktion und die Wiederherstellung der Sicherheit. So ist er gleichzeitig ein Beispiel für transparente Führung und ein wertvolles Dokument für zukünftige Vorfälle.

Die wichtigsten Erkenntnisse über Risikomanagement

- **Sprechen Sie rechtzeitig über das Risikomanagement, noch bevor das Schlimmste eintritt.** Im Augenblick der Krise ist es unschätzbar wertvoll, wenn Sie schon früh einen Plan entwickelt, ihn schriftlich festgehalten und getestet haben, solange noch Zeit war, die Entscheidungen gründlich zu durchdenken.
- **Haben Sie keine Scheu vor abweichenden Meinungen.** Ein Board, in dem die Mitglieder sich furchtlos gegenseitig fordern und Fragen stellen, kann Risiken besser identifizieren und verringern.
- **Kombinieren Sie IT-Tools und zwischenmenschliche Interaktionen.** Wenn Sie abstrakte Gefahren möglichst früh am Horizont erkennen wollen, müssen Sie sowohl innovative Sensoren, Spreadsheets, Diagramme, Datenanalysen, mobile Dashboards und so weiter einsetzen als auch mit dem Management, wichtigen Abteilungen, Investoren und anderen im Gespräch bleiben.
- **Berufen Sie Board-Mitglieder mit mehr Erfahrung im digitalen Bereich.** Behandeln Sie sie aber unbedingt auch wie vollwertige Board-Mitglieder und nicht wie Leute, die nur in technischen Belangen mitreden dürfen.
- **Ziehen Sie auch Mitglieder in Betracht, die bereits eine Krise durchlebten.** Manchmal können gerade die Personen, die in anderen Unternehmen bereits eine Umwälzung oder digitale Transformation miterlebt haben, die wertvollsten Sichtweisen beisteuern.

Die Rolle des Boards im digitalen Zeitalter ist in der Entwicklung begriffen[26]

Nelson C. Chan ist Mitglied in den Boards of Directors von Adesto Technologies (wo er den Vorsitz führt), Affymetrix Inc., Deckers Outdoor Corporation, Outerwall Inc.

und Synaptics. Darüber hinaus sitzt Chan in den Boards of Directors einiger Firmen, die in Privatbesitz sind.

Die Technologie verändert sich äußerst rasant. Welche Auswirkungen hat dies auf die Arbeit von Board-Mitgliedern?

Big Data sind heute ein wichtiger Faktor für Unternehmen. Sie können sich ganz leicht Daten über Operationen, Kunden, Common Access Cards verschaffen – praktisch über alles, was Sie wollen. Die Kunst ist zu entscheiden, was von all dem Sie beobachten und messen wollen.

Vor 15 Jahren sorgte sich noch niemand um Cybersicherheit, doch heute ist sie ein Riesenproblem. Wir besprechen die Problembereiche Cyberrisiko und Technologie bei jedem Board-Meeting. Auf einem Dashboard sehen wir uns alle Vorfälle an, die mit Cyber-Sicherheit zu tun haben, zum Beispiel Phishing- Versuche und deren Erfolgsrate, sowie unsere Aktionen zu ihrer Abwehr oder Abschwächung.

Wie können Board-Mitglieder sich auf dem Laufenden halten?

Im Konferenzzimmer müssen Sie sich die Zeit für die großen Fragen nehmen: Was ist Big Data? Was ist digitales Marketing? Wie vermarktet man im digitalen Zeitalter, das sich so stark von der Zeit vor fünf Jahren unterscheidet, seine Produkte? Das ist ebenso wichtig, wenn nicht sogar wichtiger, als die Rechnungsprüfung oder Vergütung.

Wenn ich an die besten Boards der besten Unternehmen denke, stelle ich fest, dass sie sich sehr klar äußern. Sie sagen dem Management genau, welche Daten sie brauchen und welche Kennzahlen sie regelmäßig prüfen wollen. Wenn das Board den Prozess antreibt, lassen die Mitglieder den großen Strom der Daten nicht mehr nur passiv über sich ergehen, sondern werden aktiver und engagieren sich leidenschaftlicher.

Welche Tools wären Ihrer Ansicht nach geeignet zur Vorbereitung auf Sitzungen und um sich auf dem Laufenden zu halten?

Es wäre unglaublich hilfreich, wenn es einen Ort, eine Informationsquelle gäbe, die mich auf dem Laufenden halten würde – sie könnte auf den Industriezweig, auf die Rolle oder auch die Interessensgebiete zugeschnitten sein. Im Augenblick muss man sich die Informationen noch selbst aus vielen Quellen zusammensuchen. Wenn das jemand für mich erledigen und tägliche, wöchentliche oder auch monatliche Dashboards liefern könnte, könnte ich mich in jedem Industriezweig und über alle wichtigen Themen auf dem Laufenden halten. Ich hätte auch gern fünf bis zehn Kennzahlen, deren Daten ich in Echtzeit prüfen kann. Diese Art von Dashboard oder Portal könnte auch die Grundlage für den Informationsaustausch in Telefonkonferenzen, Meetings und für eine umfassende Zusammenarbeit sein. Die Technologie bietet uns großartige Möglichkeiten zur Veränderung der Arbeitsweise.

Wie wird sich Ihrer Ansicht nach die Rolle der Boards hinsichtlich der Strategie verändern?

Ich sitze nun schon seit 15 Jahren in verschiedenen Boards und ich beobachte, dass Boards immer mehr als strategischer Vorteil wahrgenommen werden. Die Unternehmen wollen, dass ihr Board unabhängig ist und die Mitglieder unterschiedliche Meinungen vertreten, nicht weil sie das Management kritisieren sollen, sondern weil sie so zur Ausformung der Strategie beitragen. Start-ups haben zwar noch keine so hoch entwickelten Ausschüsse, Tools und Prozesse, aber ihr Ziel ist ebenfalls Innovation, Wachstum und die Frage, wie sie ihr Unternehmen zu dem gewünschten Ziel führen können.

4 Der Aufbau von Erkenntnissen und Just-in-Time-Strategien

»Bei Intuit überlegten wir ständig, wie wir die künstliche Intelligenz und das maschinelle Lernen im Finanzwesen anwenden könnten, um intelligentere Produkte und leicht zugängliche Kundenerfahrungen zu gestalten. Wir arbeiteten beispielsweise daran, den Mitarbeitern in der Buchhaltung durch Automatisierung ihre monotonen Tätigkeiten abzunehmen, damit sie mehr Zeit hatten, die Kunden positiv zu überraschen.«[1]

Merline Saintil

Unternehmen beschäftigen sich heute zwar viel mit den Aspekten der digitalen Umwälzung, die potenzielle Schäden verursachen, wie beispielsweise Cyberangriffe, aber gleichzeitig konzentrieren sie sich auch auf diejenigen Innovationen, die ihre Geschäftstätigkeit voranbringen können. Nehmen Sie zum Beispiel die Blockchain.[2] Für diese neue Transaktionsmethode müsste man möglicherweise interne Netzwerke für Lieferanten und andere Dritte öffnen, und das beinhaltet ein gewisses Risiko. Doch die möglichen Vorteile für Abrechnungen, Zahlungen, Smart Contracts und den Nachvollzug der Lieferkette machen die Risiken eventuell wett – und möglicherweise wird der Wettbewerbsdruck einen solchen Schritt nach vorn erzwingen.

Diskussionen über Risiken und Strategien nähern sich einander immer stärker an und verschmelzen in der übergreifenden Erfordernis, beides für zukünftiges Wachstum und zukünftigen Wert auszubalancieren.

Strategie wird als »Kunst und Wissenschaft« definiert, als »ein sorgfältig ausgearbeiteter Plan oder eine Methode, die zu einem bestimmten Ziel führt«, und als »Anpassungen (zum Beispiel des Verhaltens oder der Struktur), die für die Erreichung des Erfolgs in der Evolution eine wichtige Funktion erfüllen«.[3]

Die Wurzeln des Konzepts liegen in militärischen Operationen. Auf dem modernen Schlachtfeld der Unternehmen stellt die Strategie oft das taktische Mittel dar, durch das die Unternehmen wachsen, konkurrieren und gedeihen. Wir haben bereits einige Methoden behandelt, mit deren Hilfe Führungsgremien Wert schöpfen und Risiken managen: Sie nutzen Online-Tools, holen vielfältigere Perspektiven an Bord, planen vorausschauend für Krisen und die Weiterführung der Geschäftstätigkeit im Krisenfall und sie gestalten ihre Kooperation auf neue Art, sowohl in den Meetings als auch außerhalb. Aber eine Taktik könnte sich als wichtiger erweisen als alles andere – vor allem für die Strategie.

4.1 Die richtigen Fragen zur rechten Zeit

Diese Taktik liefert häufig das, was wir als »Just-in-Time-Erkenntnisse« bezeichnen. Wie wertvoll sind solche aktuellen Informationen in der heutigen, rasch veränderlichen Umgebung? Kurz gesagt: *sehr* wertvoll. Wer Just-in-Time-Erkenntnisse hat, muss hinterher nicht so oft sagen: »Das hätten wir wissen sollen.« Sie können den Unternehmen helfen, noch rechtzeitig den Kurs zu ändern.

Wie Corporate Director Betsy Atkins beschrieb, verbesserte das Möbelhaus IKEA mithilfe von erweiterter Realität und dem Gig-Economy-Provider TaskRabbit die Erfahrung seiner Kunden, sodass die Möbelhäuser weiterhin sehr gut besucht waren, während andere Einzelhändler schwer zu kämpfen hatten. »An dieser Denkweise erkennt man ein »Zukunfts-Board«, das wirklich versteht, wie die Technologie die Geschäftstätigkeit verändert«, sagte Atkins.[4]

Die heutigen Boards müssen sich um vieles kümmern: Risikomanagement, Wertschöpfung, Diversität und andere Aufsichtspflichten, aber eine Vernachlässigung der Strategie kann katastrophale Wirkungen haben. Eine Studie von BCG[5], für die die 100 Unternehmen mit den höchsten Kursverlusten zwischen 1995 und 2004 untersucht worden waren, kam zu dem Ergebnis, dass bei fast zwei Dritteln von ihnen (66 Prozent) die Verluste von Misserfolgen im operativen Geschäft, von Aktionen der Wettbewerber oder anderen Strategiefehlern verursacht worden waren und nicht von Veränderungen in der finanziellen Landschaft.

Dennoch kümmern sich viele Boards nur einmal pro Jahr um strategische Visionen – und dies, laut McKinsey[6], auch noch ohne ausreichende Debatten und ohne tiefergreifende Information. Die Beraterfirma berichtete weiter, dass Board-Mitglieder insgesamt bis zu 70 Prozent ihrer Zeit mit Quartalsberichten, Auditprüfungen, Budgets und Compliance verbringen, statt sich um Dinge zu kümmern, die für die zukünftige Ausrichtung und das Wohlergehen des Unternehmens wesentlich entscheidender wären.[7]

Board-Mitglieder wissen, dass sich das ändern muss. Knapp 70 Prozent der von PWC[8] befragten Personen gaben an, dass ihre Gremien stärker und besser zur Entwicklung und Umsetzung der Strategie beitragen müssen. In der jährlichen Befragung von 230 Board-Mitgliedern durch die Organisation Corporate Board Member und das Beratungsunternehmen Spencer Stuart[9] zeigten sich im Jahr 2018 die Befragten durchgehend besorgt darüber, dass sie sich über technische Innovationen und mögliche Umwälzungen nicht gut genug auf dem Laufenden halten konnten. In einer Welt, in der Kundenvorlieben, Wettbewerbskräfte und kulturelle Werte sich rasch und oft radikal verändern können, ist dieser Mangel an Selbstvertrauen besorgniserregend.

Die digitale Disruption und das Aufsichtsgremium des 21. Jahrhunderts[10]

John Hinshaw ist Manager im Technologiebereich. Er war in leitenden Positionen bei Hewlett-Packard, Boeing und Verizon Wireless tätig. Derzeit ist er Mitglied in den Boards of Directors von Sysco, BNY Mellon und DocuSign.

Wie verändert die digitale Umwälzung Ihr Unternehmen?

Heute ist jedes Unternehmen ein Technologieunternehmen – entweder aufgrund seiner Produkte und Dienstleistungen oder in den unterstützenden Prozessen oder auch im Umgang mit Kunden, Lieferanten usw. Ohne die richtige Technologie-Strategie und ohne erfahrene Manager im Technologiebereich kann man kein größeres Unternehmen mehr betreiben – und zwar die nicht-technischen Funktionen ebenso wenig wie die technischen. Darüber hinaus braucht man auch ein Board of Directors, dessen Mitglieder sich mit Technologie auskennen, damit sie die richtigen Fragen stellen sowie richtige Ratschläge und Ideen für die zukünftige Richtung in dieser Welt liefern, die ja von der Technik angetrieben wird.

Was unterscheidet die Informationstechnologie – als Bereich mit potenziell hohem Risiko, aber auch hohen Gewinnen – in Ihren Augen so stark von anderen Bereichen, die ebenfalls Risiken und Chancen beinhalten?

In den Boards sitzen unterschiedliche Persönlichkeitstypen. Board-Mitglieder, die vor zehn bis 20 Jahren im aktiven Management waren, als die Technologie noch nicht so relevant war wie heute, haben die Wahl: Entweder informieren sie sich so gut wie möglich oder sie verlassen sich auf andere Mitglieder, die diese relevante Erfahrung vielleicht hatten. Wenn sie sich für Ersteres entscheiden, gibt es speziell für Board-Mitglieder viele Weiterbildungsmöglichkeiten über Cybersicherheit und andere Technologiebereiche, sodass sie besser mitreden können. Auf der anderen Seite gibt es die Mitglieder, die derzeit oder vor kurzer Zeit noch im aktiven Management von Technologiefirmen sind oder waren und die mit ihrer Erfahrung extrem wertvoll sind – im Risikoausschuss ebenso wie im Rechnungsprüfungs-, Technologie- oder Strategieausschuss. Man braucht unbedingt eine Mischung von Personen mit technischem Fachwissen und Personen mit anderen Fähigkeiten, die sich aber in Themen wie Cyberrisiko fortbilden.

Warum kommen die Board-Mitglieder mit den Problemen und Risiken des Cyberraums so schwer zurecht?

In vielen Bereichen durchlaufen die Unternehmen seit vielen Jahren einen jährlichen Prüfungsprozess der Finanzen und Risiken, aber für das Cyberrisiko gibt es das oft erst seit sehr kurzer Zeit. Wir haben soeben ein Cyberrisiko-Audit durchgeführt und da es das erste Mal war, mussten wir einen neuen Prozess implementieren. Unsere IT-Infrastrukturen wurden hauptsächlich zur Datenverarbeitung gebaut und nicht so sehr zur Verteidigung. Es ist auch sehr schwer, immer auf dem Laufenden zu sein, weil sich die Bedrohungen ständig weiterentwickeln. Vor Kurzem ereignete sich ein Vorfall, bei dem sich 11-Jährige in das Wahlsystem hackten. Wenn die Board-Mitglieder anfangen, die Geschehnisse zu beobachten, werden sie verblüfft sein, wie dramatisch die Veränderungen von einem Zyklus zum nächsten sind. Die Bedrohungen kommen aus immer neuen Richtungen und müssen anders behandelt werden.

Die Frage ist auch, wie man die Risiken angeht: Sollte man sie dem Audit-Ausschuss berichten? Direkt an den CEO? Solche Fragen würden sich bei anderen Risikobereichen wie den Finanzen gar nicht erst stellen. Dann muss man fragen, wie das Unternehmen die Cybersicherheit managt: Welche Sicherheitsarchitektur wird genutzt? Wie lautet die Patch-Strategie? Wie gehen Sie mit veralteten Geräten und Systemen um, die nicht mehr unterstützt werden? Es ist sehr wichtig, Board-Mitglieder zu haben, die diese Art von Fragen stellen, aber genauso wichtig ist es auch, alle Board-Mitglieder in diesen Problembereichen fortzubilden, damit sie ebenfalls Bescheid wissen und mitreden können.

Wie können sich Board-Mitglieder auf dem Laufenden halten und selbstbewusst (und kompetent) bei IT-Themen mitentscheiden?

Der Prozess muss von der richtigen Art von Führung geleitet werden. Das bedeutet erneut eine Reihe von Fragen: Wer ist der CISO? Welchen Hintergrund und welche Zeugnisse besitzt er? Ist er der Beste und Intelligenteste, den das Unternehmen für diese Position finden konnte? Was weiß er fachlich über den Industriezweig, in dem das Unternehmen tätig ist? Eine Bank muss zum Beispiel vielleicht ganz anders an das Thema Cyberrisiko herangehen als ein Einzelhändler oder ein Erdöl- oder Erdgasunternehmen. Kann diese Person dem Board die Bedrohungen und die Methoden der Cybersicherheit klar und präzise darlegen?

Sobald Sie die richtige Führungspersönlichkeit eingesetzt haben, müssen Sie die Kultur des Unternehmens für Cyberrisiken sensibilisieren. Kennt jeder Einzelne seine Verantwortung für die Cybersicherheit, wissen die Leute, dass sie bei jedem Einloggen ins Netzwerk eine potenzielle Sicherheitslücke erzeugen? Herrscht eine Kultur, in der sich alle der Risiken im Umgang mit dem Cyberraum bewusst sind? Werden den Mitarbeitern Beispiele gezeigt: Schulungen, Übungen und Hacking-Beispiele? Verschickt das Unternehmen zum Test Spoof-Mails, um herauszufinden, wie viele Mitarbeiter noch zusätzliches Training brauchen? Beschäftigt es »gute« Hacker, die das Netzwerk auf verletzliche Stellen prüfen? Die Identifizierung und Verringerung von Risiken muss fester Teil des Alltags sein. Dies sind einige Bereiche, in denen die Board-Mitglieder zum Aufbau eines Unternehmens beitragen können, das dauerhaft bestehen bleibt – man kann sie nicht einfach an einen Ausschuss übergeben: Das gesamte Plenum muss häufig über die Risiken informiert werden und ebenso über die Maßnahmen, mit denen das Unternehmen sie managt.

Wie sollten Board-Mitglieder die Informationen, die sie in ihrer Funktion erhalten, schützen?

Board-Mitglieder denken in der Regel zu wenig an ihre persönliche Rolle bei der Schaffung von Sicherheitslücken. Erstens müssen wir sie daran erinnern, wie wichtig die Geheimhaltung von Passwörtern ist, denn wenn sich Dritte Zugang zu ihrer gesicherten Board-Software verschaffen könnten, könnten sie möglicherweise nicht nur sensible Daten stehlen, sondern es würden dabei vielleicht auch SEC-Regeln über Insiderhandel verletzt. Diese Verantwortung muss man den Board-Mitgliedern klar und präzise verdeutlichen. Die meisten erhalten bloß ein Gerät, das sie für die Sitzungen verwenden sollen – aber es gibt weder ausreichende Schulungen dazu noch Regeln oder gar eine Aufsicht über die Nutzung des Geräts. Zweitens trägt jeder, der das Board unterstützt – ob allgemeine Berater, Sekretäre, Assistenten oder das Management – die Verantwortung dafür, dass das Board ein gesichertes Portal zur Verfügung hat. Manche Boards versenden PowerPoint-Präsentationen und andere vertrauliche Informationen immer noch per E-Mail. So etwas dürfte nicht passieren. Diese Veränderung muss vom Team der Unterstützer ausgehen: Das Board kann zwar erhöhten Druck ausüben, aber das Team muss die richtigen Maßnahmen einführen. Drittens ist es wichtig, dass die Unternehmenskultur insgesamt für die richtige Art der Kommunikation sorgt: Die gesamte Kommunikation sollte über ein gesichertes Board-Portal oder einen anderen gesicherten Kanal laufen – vor allem, wenn sie vertrauliche Informationen beinhaltet oder solche, die von SEC-Regulierungen betroffen sind. Diesem Bereich wird immer noch viel zu wenig Aufmerksamkeit geschenkt.

Für vorausschauende Diskussionen über die Strategie ist es besonders wichtig, die richtigen Fragen zu stellen und die richtigen Informationen zu erhalten. Hier sind ein paar Dinge, die das Board in diesem Zusammenhang versuchen kann: Verschaffen Sie sich Informationen über die Situation (mit den richtigen Fragen), gehen Sie hinaus, sprechen Sie mit den Leuten und untersuchen Sie das Verhaltensprofil Ihres Boards (darauf gehen wir in Kapitel 7 ein).

4.2 Stellen Sie die richtigen Fragen

Ein komplexes Wirtschaftsumfeld bringt ebenso komplexe strategische Fragen hervor. Welche neuen Technologien bieten das größte Potenzial für zukünftige Investitionen? Welche Geschäftsmodelle sollten in Betracht gezogen werden, um zukünftiges Wachstum zu fördern? Welche sollten als Bedrohungen gekennzeichnet und beobachtet werden? Wie lässt sich der Erfolg messen und definieren?

Falscher Optimismus oder mangelndes Wissen kann tödlich sein. Führungsgremien müssen heute ihre Strategie ständig infrage stellen und Schwächen identifizieren. Dazu müssen sie sich in die Denkweise der aktivistischen Aktionäre versetzen. Sie müssen bei ihren Sitzungen die Strategie aktiv infrage stellen, statt sich nur passiv Präsentationen anzuhören. Zudem müssen sie technisch versierte Personen in ihr Gremium berufen. »Technologie betrifft jeden Aspekt der Wertschöpfungskette, sei es die Kundenbetreuung, die Personalverwaltung, den Einkauf, die Produktentwicklung und auch alles andere«, sagte Corporate Director Dr. Anastassia Lauterbach.[11]

Doch die Identifizierung und Berufung solcher fähiger Personen ist oft zeitaufwendig. Die Weiterbildung der bestehenden Board-Mitglieder ist dagegen eine Taktik, die die Organisationen sofort umsetzen können. Diese Weiterbildung betrifft zwei Bereiche: Kenntnis der internen Operationen und Informationen über die externe Wirtschaftsumgebung.

Governance-Trends im digitalen Zeitalter und wie Sie sich in ihnen zurechtfinden[12]

Merline Saintil ist Managerin im Technologiebereich. Sie war und ist in Führungspositionen bei Intuit, Yahoo, PayPal,

Joyent und Adobe tätig. Derzeit ist sie Mitglied in den Boards of Directors von Banner Corporation und Nav, Inc.

Welche wichtigen IT-Trends sollten Board-Mitglieder im Hinblick auf Risiken und Chancen beobachten?

Künstliche Intelligenz ist die zunehmende Zusammenarbeit zwischen Menschen und Robotern, Drohnen und anderen kognitiven Hilfsmitteln. Als Absolventin der Carnegie-Mellon-Universität, wo die KI vor mehr als 50 Jahren erfunden wurde, finde ich es besonders aufregend, dass diese Technologie jetzt zum Mainstream wird. Bei Intuit überlegten wir ständig, wie wir die künstliche Intelligenz und das maschinelle Lernen im Finanzwesen anwenden könnten, um intelligentere Produkte und leicht zugängliche Kundenerfahrungen zu gestalten. Wir arbeiteten beispielsweise daran, den Mitarbeitern in der Buchhaltung durch Automatisierung ihre monotonen Tätigkeiten abzunehmen, damit sie mehr Zeit hatten, die Kunden positiv zu überraschen.

Andere Bereiche sind die Cloud, die Speicherplatz und Rechnerleistung in unbegrenztem Ausmaß nach Bedarf zur Verfügung stellt, die Mobilität, die uns unbegrenzte Reichweite verschafft, und das »Internet der Dinge« (Internet of Things, IoT), das Menschen und Geräte online und offline verbindet.

Wie können sich Board-Mitglieder auf dem Laufenden halten?

Entscheidend ist, dass man immer interessiert und engagiert bleibt. Zwar entwickeln sich die Kern-Verantwortungsbereiche für Boards weiter, aber man muss kein Experte oder Technologe sein, um effektiv zu arbeiten. In der Aufsichtsrolle muss man so viel wissen, dass man durchdachte Fragen stellen und dann beurteilen kann, ob die Antworten vollständig und klar sind.

Welche speziellen Methoden haben sich für Boards im Zuge der rasanten Zunahme des Informationstempos verändert?

Aus der Sicherheitsperspektive ist eine sichere Form der Kommunikation die Mindestanforderung an Board-Mitglieder. Ebenso ist derzeit nicht mehr so klar, inwieweit das Board in seiner Aufsichtsrolle Informationen des Managements ohne Prüfung durch Dritte akzeptieren soll. Dies ist aus den fünf Prinzipien für Cybersicherheit ersichtlich, die die National Association of Corporate Directors (NACD)[13] und das Carnegie Mellon Software Engineering Institute entwickelt haben:

1. Board-Mitglieder müssen die Cyber-Sicherheit als unternehmensweites Risiko-Management-Thema betrachten und behandeln, nicht nur als IT-Thema.
2. Board-Mitglieder sollten die juristischen Auswirkungen von Cyberrisiken kennen, soweit sie ihr Unternehmen betreffen.
3. Boards sollten angemessenen Zugang zu Experten und Fachwissen auf dem Gebiet der Cybersicherheit haben und in der Tagesordnung der Sitzungen sollte genug Zeit für Diskussionen über das Management von Cyberrisiken vorgesehen sein.
4. Board-Mitglieder sollten vom Management erwarten, dass es einen unternehmensweiten Rahmen für den Umgang mit Cyberrisiken einrichtet, der angemessen mit Geld und Personal ausgestattet ist.
5. In den Führungsgremien sollte besprochen werden, welche Cyberrisiken man vermeiden sollte, welche in Kauf genommen werden müssen und welche man vermindern oder durch Versicherungen abdecken kann. Außerdem sollten für jede dieser Maßnahmen spezifische Pläne ausgearbeitet werden.

Was sollten Board-Mitglieder sonst noch tun, um im digitalen Zeitalter nicht nur zu überleben, sondern auch erfolgreich zu sein?

Mein Rat lautet, bescheiden zu bleiben, immer weiter zu lernen und wachsam zu bleiben, weil die Risiken – und ganz besonders die Cyberrisiken – dynamisch sind und sich laufend verändern. Sobald man eine Tür schließt, öffnen sich neue, denn die neuen Technologien wie das IoT und miteinander vernetzte intelligente Geräte verbreiten sich immer schneller und erhöhen das unternehmensweite Risiko.

Bei Rolls-Royce erhalten die Board-Mitglieder Berichte vom Management, die auf Prägnanz und Wirkung getrimmt sind.»Wir bezogen das Board mit ein und forderten sie auf, uns zu sagen, was sie von diesen Dokumenten erwarteten«, sagte Pamela Coles.[14] Wir empfehlen, solche Berichte bereits längere Zeit vor einer Sitzung digital zu verteilen und später noch einmal per E-Mail daran zu erinnern.

Einen Überblick über die allgemeine Umgebung verschaffen sich viele Board-Mitglieder, mit denen wir sprachen, aus ausgewählten Content-Quellen und darüber hinaus engagieren sie externe Experten, mit denen sie über aktuelle Themen wie KI, Robotik und andere technologische Umwälzungen sprechen. Einige Unternehmen bieten ihren Board-Mitgliedern Kurse über wichtige Themen an (online oder persönlich, darunter auch die Cyber-Sicherheit) und veranlassen regelmäßige Besuche in wichtigen Abteilungen wie F&E oder auch bei anderen Unternehmen aus anderen Industriezweigen.

Damit die Board-Mitglieder intelligente Fragen stellen und sinnvolle Diskussionen führen können, müssen sie »so geschult werden, dass sie die Marktdynamik beobachten«, sagte Corporate Director Betsy Atkins – und dieses Lernen muss hauptsächlich eigenständig erfolgen, aber auch vom Board organisiert werden. »Achten Sie auf die Finanzergebnisse von Konkurrenten, lesen Sie Branchenberichte und Informationen von Zukunftsforschern. Board-Mitglieder müssen die Makrotrends innerhalb und außerhalb ihrer eigenen Branchen verfolgen, weil sie ihr Unternehmen und dessen Geschäfte auf jeden Fall beeinflussen werden.«[15]

Das Sammeln von Informationen und Wissen ist dennoch nur der erste Schritt. Board-Mitglieder müssen zudem wichtige Verbindungen herstellen und verstehen: zwischen externen Kräften und internen Operationen, zwischen der Unternehmensleistung und den Benchmarks der Märkte, zwischen dem Status quo und zukünftigen Szenarien und so weiter.

Zu diesem Zweck gibt es mehrere Dashboard-Tools. Wir beobachten, dass Vermögensmanager mit Vergleichstools[16] Investitionen und Ertragsprognosen aus der Welt der Technologieverkäufe beobachten.[17] Einige Governance-Fachleute schlagen vordefinierte Benchmarks vor, die die Fortschritte bei der Verwirklichung von Plänen und Budgets zeigen.[18] Das alles kann Board-Mitgliedern helfen zu beurteilen, wie gut das Management die vorgegebenen Ziele erreicht und ob es Zeit ist, die Strategie zu ändern oder andere Maßnahmen anzupassen.

Es gibt unzählige Optionen. Wir können Ihnen für die Auswahl der geeigneten Tools nur eine übergeordnete Empfehlung ans Herz legen: Widmen Sie der Analyse der Daten ebenso große Aufmerksamkeit und Konzentration wie dem Sammeln. Daten, die lediglich gesammelt und dann abgelegt werden, aus denen weder Erkenntnisse noch geschäftlich relevante Informationen gezogen werden, sind ebenso unnütz wie gar keine Daten.

»Dashboards erweisen sich als extrem nützlich, wenn Boards die Leistung im Blick behalten wollen«, sagte Nelson Chan, der Vorsitzende des Boards of Directors von Adesto Technologies und Board-Mitglied von Deckers Outdoor Corporation. »Daten über Operationen, Kunden – alles, was Sie wissen wollen – sind heutzutage sehr leicht zu beschaffen. Sie müssen vor allem entscheiden, was Sie messen und beobachten wollen, und sich dann diese Daten in einem Format beschaffen, das für die Rolle des Boards aussagekräftig und nützlich ist. Im Moment öffnen wir ein Portal und sehen uns das Material an, aber wir könnten so viel mehr tun. Wir könnten Dashboards prüfen und Informationen betrachten, die für die Gesundheit des Unternehmens wichtig sind. Ich will fünf bis zehn Kennzahlen messen und die Daten in Echtzeit sehen können. Genau das wird eine sehr lehrreiche und wichtige Informationsquelle sein.«[19]

»In 15 bis 20 Jahren werden Boards Zugriff auf Echtzeit-Daten haben und sie auch lesen und interpretieren können«, sagte Dr. Anastassia Lauterbach, die Verfasserin eines neuen Buchs über Business-Anwendungen für künstliche Intelligenz. »Dazu wird eine robuste Cloud-Strategie erforderlich sein sowie eine genau auf die Unternehmensanforderungen zugeschnittene IT-Architektur und die richtigen Mitarbeiter – sowohl angestellt als auch freiberuflich.«[20]

4.3 Gehen Sie hinaus und sprechen Sie mit vielen Leuten

Trotz seiner vielversprechenden Idee – eines Abo-Service für Kinokarten – hatte das Start-up-Unternehmen MoviePass[21] bereits ab dem ersten Tag Probleme bei ihrer Umsetzung: Spannungen mit den Partnerkinos, die widersprüchliche Strategievorgabe (Sammlung und Verkauf von Daten) eines Investors mit Mehrheitsbeteiligung, unzufriedene Kunden und miserable Leistungen der eigenen Filmfinanzierungsabteilung. (Der Film *Gotti* erhielt auf der Fan-Website *Rotten Tomatoes* die zuvor noch nie vergebene Bewertung von 0 Prozent.)[22] Nachdem die Firma bis Juli 2018 den Preis der Abonnements um mehr als die Hälfte verringert hatte, musste sie einen Kredit über fünf Milliarden Dollar aufnehmen, um ihre Rechnungen zu begleichen.

Strategisch wichtige Just-in-Time-Erkenntnisse hätten zur rechtzeitigen Aufdeckung von Problemen führen können, die so erst im Nachhinein bemerkt wurden, wie beispielsweise der geringe Anreiz für bestimmte Zuschauer (Familien mit Kindern oder in günstigeren Märkten), bedeutende Schwächen in der Verhandlungsposition mit den Kinos und die Überschätzung der eigenen Fähigkeit, neue Finanzierungsmöglichkeiten zu erschließen.

Bei dem derzeitigen Tempo der Veränderungen gehen wir davon aus, dass nicht alle Unternehmen in ähnlicher Situation alle relevanten roten Fahnen aus Online-Informationen und Dashboards gewinnen können. Es liegt echter Wert darin, die Zweigstellen und Betriebe zu besuchen und mit dem Management dort zu sprechen. Es ist wichtig, hinauszugehen und das Verhalten der Kunden sowie den harten Wettbewerb auf dem Markt mit eigenen Augen zu beobachten und sich persönlich mit wichtigen Investoren, Partnern und anderen Stakeholdern zu treffen. Und weil die Kommunikation immer in zwei Richtungen läuft, sollte das Führungsgremium neben den Jahresversammlungen und den Berichten an die Investoren die aktuelle Leistung des Unternehmens sowie die zukünftige Richtung häufiger kommunizieren.

Kein Geringerer als der Vorsitzende der Securities and Exchange Commission (SEC) betonte die wichtige Rolle der Boards of Directors in den Unternehmen als die zentralen Figuren zur Einbindung der Anteilseigner.[23] Diese verstärkte Kommunikation geht weiter als die durchorganisierten Jahresversammlungen à la Disney oder Berkshire Hathaway, die Stoff für Legenden bieten. Denken Sie neben dem Eindruck, den Sie machen wollen, vor allem an größere Häufigkeit. Planen Sie Aktionärsversammlungen außerhalb der Reihe, telefonisch oder persönlich, um zur rechten Zeit über strategische Gelegenheiten oder Probleme zu sprechen.[24] Organisieren Sie für Board-Mitglieder die Teilnahme an wichtigen Sitzungen des Managements und an geschäftlichen Treffen. Die Board-Mitglieder sollten dabei aber ausdrücklich nur zuhören und sich informieren und nicht eingreifen und so ihre Befugnisse überschreiten.[25] Halten Sie Board-Meetings an Unternehmensstandorten[26] ab, an denen gerade innovative Forschungen oder Pilotversuche mit neuen Produkten oder Geschäftsmodellen durchgeführt werden. Sorgen Sie dabei dafür, dass die Board-Mitglieder möglichst viel von den Neuerungen mitbekommen, beispielsweise durch Führungen durch die F&E-Einrichtung. Laden Sie sie zudem ein, mit den Vertriebsmitarbeitern die wichtigsten Kunden zu treffen.

Der Technologie-Manager Ralph Loura sieht auch eine äußerst wichtige interne Perspektive, nämlich die Top-Technologie-Manager eines Unternehmens.

»CIOs wurden viele Jahrzehnte lang nur als Hintermänner betrachtet, die für die Automatisierung der Abläufe sorgten und Systeme zum Kostenmanagement betrieben«, sagte er. »Sie wurden zwar immer wieder zu Gesprächen über bestimmte Themen zu Board-Meetings hinzugeholt, aber sie galten aus der Board-Perspektive nie als strategisch wichtig. Dies ändert sich nun in direktem Zusammenhang mit der Digitalisierung aller Sektoren. Heute gelten sie als Personen mit einer wichtigen Kombination aus Erfahrungen, die in Gesprächen über digitale Umwälzungen in traditionell nicht-digitalen Branchen sehr viel beizutragen haben.«[27]

Ob in der Verbindung zum internen oder externen Publikum: Alles dreht sich laut Corporate Director Jan Babiak um die Verpflichtung zu lebenslangem Lernen. »Wenn sich etwas Neues auftut, sollten sich die Board-Mitglieder Zeit dafür nehmen. Nicht nur ein oder zwei besonders motivierte Mitglieder, sondern alle sollten an Informationsveranstaltungen von Organisationen wie der NACD oder einer Anwaltskanzlei oder einer der Big-Four-Beratungsfirmen teilnehmen. Wir alle lernen und teilen.[28]

Technologie, Strategie und der moderne Governance-Professional[29]

Laurie Yoler ist Strategie-Unternehmensberaterin mit Schwerpunkt auf den umwälzenden (»disruptiven«) Technologien. Sie ist Mitglied in den Boards of Directors von Church & Dwight, Zoox, Bose Corporation und Noon Home. Sie war außerdem Gründungsmitglied im Board of Directors von Tesla.

Wie wird Ihre Rolle im Board durch IT und Technologie beeinflusst?

Bereits zu Beginn meiner Karriere bei Accenture (das war noch in den 1980er-Jahren) erklärte ich den Mitgliedern von Boards in allen wichtigen Industriezweigen lang und breit, warum sie sich für Technologie interessieren sollten. Sie holten zwar immer wieder Berater hinzu, die Fachwissen vermittelten, aber das galt als »gelegentliche, nette Abwechslung«. Heute können sich Technologiefirmen auf die Strategie konzentrieren, weil Technik ihr Geschäft ist, aber alle anderen Unternehmen kämpfen weiterhin mit der Frage, wie oft man über Technologie diskutieren und ob man neben dem Vergütungs- oder Rechnungsprüfungsausschuss auch einen Technologieausschuss einrichten sollte. Im letzten Jahr wurde es zur Norm, über solche Themen zu diskutieren, weil die Technologie mittlerweile so viele Industrien durchdringt, die zuvor auch ohne sie erfolgreich sein konnten.

Warum empfinden so viele Board-Mitglieder IT-Themen als so schwierig?

Ich sitze in einem Vergütungsausschuss und wenn wir uns treffen, bringen der Personalmanager und externe Berater riesige Datenmengen über Manager-Vergütungen mit, auf die wir unsere Entscheidungen gründen können. Im Technologiebereich sind die Probleme dagegen sehr viel tiefer und breiter angelegt und das rasante Tempo der Veränderungen macht es für Board-Mitglieder besonders schwer, sich auf dem Laufenden zu halten. Wenn man sich in einem Fertigungsbetrieb beispielsweise auf bestimmte Robotersysteme als wichtigstes Thema konzentriert, kann sich innerhalb von sechs Monaten schon wieder alles geändert haben.

Technologieberater, die zu Board-Meetings hinzugezogen werden, sind meist nur einmalige Redner. Sie werden längst nicht so tief und so langfristig einbezogen wie Wirtschaftsprüfer, externe Berater, Vergütungsberater und so weiter.

Sie lernen das Unternehmen nicht im Lauf der Zeit besser kennen und bauen auch nicht so viel Vertrauen auf, dass sie Strategien vorschlagen könnten. Manche Berater helfen den Unternehmen zu erkennen, welche neuen Technologien sich in den kommenden Jahren auf ihren Industriezweig auswirken könnten, aber das ist alles noch sehr unspezifisch.

Was können Board-Mitglieder angesichts einer so weiten Landschaft tun, um sich auf dem Laufenden zu halten?

Welche Technologien Sie kennen müssen, ist von Sektor zu Sektor ein wenig unterschiedlich, aber Innovationen wie der 3-D-Druck lassen sich potenziell in jedem Industriezweig anwenden. Daher ist es ein wenig riskant zu denken, dass irgendeine Technologie keinen Einfluss auf die eigene Branche haben könne. Muss ich mich mit Kryptowährungen auskennen, wenn ich gar kein Finanzdienstleister bin? Vielleicht nicht in allen Einzelheiten, aber Sie sollten schon wissen, dass sie sehr wichtig sind und große Wirkung entfalten. Es ist entscheidend wichtig, dass Board-Mitglieder sich die Zeit nehmen, um sich über diese vielfältigen Themen zu informieren. Das *Wall Street Journal* und die National Association of Corporate Directors (NACD) bieten wöchentlich Informationen aus den Technologiebereichen, auf die Board-Mitglieder achten sollten.

Welche Technologien werden Ihrer Ansicht nach die Arbeit der Boards verändern?

Die [Board-]Portale sind bereits hervorragend, aber man könnte damit so viel mehr tun als nur Quartalsberichte zu verteilen: Videos, Weiterbildungsinhalte, Videokonferenzschaltungen mit Stadtratssitzungen und wesentlich kreativerer Informationsaustausch zwischen den Board-Mitgliedern. Da es immer mehr Tools zum Management der Leistungen der Mitarbeiter gibt, könne man das gleiche Konzept vielleicht auf eine Beurteilung der Board-Leistung anwenden. Ich habe soeben ein neues Tool gesehen, mit dem wir sehen konnten, was jeder von den einzelnen Teilen einer Präsentation hielt. Das verschaffte uns ganz neue Erkenntnisse über unsere Sitzung.

Wie unterscheiden sich in Ihren Augen die Boards von Start-up-Unternehmen von denen in etablierten Unternehmen?

In einem Start-up-Unternehmen wird das Board, in dem ich sitze, wie eine Erweiterung des Management-Teams benutzt. Sie versuchen, das Board an jedem Gespräch über Strategie zu beteiligen. In der Gründungsphase wird das Board oft sehr stark einbezogen und es ist sehr engagiert – aber es gibt (fast) keine Ausschüsse, keine Dokumentation, keine technischen Tools.

Eine Aktiengesellschaft könnte im Gegensatz dazu ein unglaublich effektives Board haben, dessen Mitglieder alle außergewöhnliche Manager und schon lange zusammen sind und sich selbst in jeder Hinsicht zu Höchstleistungen anspornen. Ein solches Board funktioniert wie eine gut geölte Maschine, aber es bietet dennoch vielleicht keinen »strategischen Vorteil«, weil es nicht so häufig zusammentritt. Doch die »geistige Einstellung« – der wichtigste Existenzgrund des Boards und das, was die Mitglieder als ihre wichtigste Funktion betrachten – kann sich in jedem Quartal ändern, je nach den Veränderungen in der Umgebung, im Industriezweig, in den Regularien und in den eigenen Bestrebungen. Ich habe Bewerbungsgespräche mit einer ganzen Reihe von Boards geführt. Einige erzählen mir, dass sie sich bisher hauptsächlich den Entscheidungen des Managements beugten, dass sie sich jetzt aber stärker auf Wachstum konzentrieren wollen und mehr Unabhängigkeit und Vielfalt brauchen. Andere sind Innovations-Boards, die die Grenzen erweitern wollten, sich aber nun rückbesinnen und ernsthaft darauf konzentrieren müssen, effizienter zu arbeiten.

4.4 Untersuchen Sie das Profil Ihres Boards

Boards, die ihre strategische Bedeutung erweitern wollen, sollten einen Blick auf die Verhaltensprofile werfen, die in Kapitel 7 dargelegt werden. Wenn Sie wissen, welche Profil-Typen zum jeweiligen Zeitpunkt am besten zu Ihrem Board passen, und wenn Sie die Dynamiken dieser Profile kennen, können Sie die Stärken und Schwächen Ihres Boards besser durchschauen und eine Rolle einnehmen, die die Strategie mitbestimmt.

Gründer-Boards lassen sich in strategischen Dingen oft vom Management leiten – vor allem in sehr jungen Unternehmen. Sie erkennen nicht, dass sie in diesem Bereich selbst eine wichtige Rolle spielen könnten. Sie neigen in der Regel eher dazu, die bestehende Strategie abzusegnen, und fragen selten nach dem zugrundeliegenden »Warum?« Wenn die Mitglieder dann mehr Wissen, Erfahrung und Selbstvertrauen gewinnen, sollten sie sich weiterentwickeln und eine stärkere Rolle in der Strategieentwicklung spielen. Weiterbildung und Anleitung durch erfahrenere Governance-Fachleute könnten dabei helfen.

Struktur-Boards sind es eher gewohnt, Fragen zu stellen, aber sie erwarten sich die Antworten immer noch vorwiegend vom Management und betreiben wenig externe Nachforschungen zur Bestätigung oder Widerlegung der Erkenntnisse. Ihre Fragen sind auch in der Regel eher auf ihre Aufgaben als »Aufpasser« bezogen: Was müssen wir für die Compliance tun? Wie können wir Risiken vermeiden? Da ihr Fokus weder auf neuen Geschäftsmodellen noch auf der Weiterentwicklung der Technologien und Kundenanforderungen liegt, sind die Fähigkeiten dieser Boards zum Entwurf einer Strategie für zukünftige Wertschöpfung meist begrenzt.

Katalysator-Boards erkennen dagegen, welche Rolle sie für das Wachstum des Unternehmens spielen. Sie suchen aktiv nach Daten, Analysen und Erkenntnissen, damit sie bessere Fragen stellen können, und sie nutzen Online-Tools zur Kooperation und

Weiterbildung. Damit sie Antworten auf ihre Fragen erhalten, fördern sie ihre Partnerschaft mit dem Management und anderen interessierten Parteien. Viele pflegen Netzwerke mit Kollegen in anderen Boards, um sich mehr Informationen über Hintergründe und Zusammenhänge zu beschaffen.

Zukunftsweisende Boards betrachten sich selbst als Coaches und Berater. Bei ihren Beratungen dominieren die Diskussionen über die Strategie. Die Board-Mitglieder sind die Triebkraft der Gespräche und sie suchen regelmäßig den Kontakt zu Investoren, Kunden, leitenden Managern und Kollegen. Innovation und Nachhaltigkeit liegen im Brennpunkt und sie lassen sich dabei von den modernsten Tools unterstützen, beispielsweise von Online-Scorecards für die Board-Effektivität und personalisierten Bildungsinhalten. Die Board-Mitglieder wissen, dass strategische Führung sich laufend weiterentwickeln muss, und sie wissen auch, wann es Zeit wird, die Zügel in die Hände frischer Führungskräfte zu übergeben – in Sachen Strategie und anderer Dinge.

Die wichtigsten Erkenntnisse über Strategie/Just-in-Time-Erkenntnisse

- **Bleiben Sie im Kopf flexibel.** Risiken – und vor allem Cyberrisiken – wandeln sich ständig.
- **Stellen Sie Fragen.** Dies ist der wichtigste Schritt, um sich zur rechten Zeit die richtigen Informationen zu beschaffen, sodass man kluge, rechtzeitige Entscheidungen treffen kann.
- **Stellen Sie Verbindungen her.** Nutzen Sie Dashboards, um sich die richtigen Inhalte zu beschaffen undr wichtige Zusammenhänge zu begreifen, beispielsweise zwischen externen Kräften und internen Operationen, zwischen der Unternehmensleistung und Benchmarks auf dem Markt sowie zwischen dem Status quo und zukünftigen Szenarien. Und sammeln Sie die Daten nicht nur, sondern analysieren und nutzen Sie sie auch.

- **Setzen Sie Ihre CIOs ein.** Sie besitzen wertvolles Wissen über Risiken und Chancen in Zusammenhang mit der digitalen Umwälzung.
- **Ergänzen Sie dieses aber durch eigene Weiterbildung.** Suchen Sie aktiv nach Artikeln, Kursen, Veranstaltungen und Gelegenheiten zur Pflege und Erweiterung Ihres Netzwerks und halten Sie sich so immer auf dem Laufenden über digitale und wirtschaftliche Trends.

5 Vom gesellschaftlichen Engagement bis zu ESG

Aktionäre verwenden zahlreiche Abkürzungen zur Bezifferung des Werts von Unternehmen: Gewinn je Aktie (*earnings per share*, EPS), Eigenkapitalrendite (*return on equity*, ROE) oder Lebenszeitwert/Kundengewinnungskosten (*lifetime value/ customer acquisition cost*, LTV/CAC), um nur ein paar zu nennen. Eine neue Abkürzung, die in letzter Zeit immer mehr von sich reden macht, ist aber ESG (*environment, sustainability, governance* – Umwelt, Nachhaltigkeit, Governance). Und die Tage, in denen ESG einfach nur »nützliche, aber freiwillige« Aktivitäten waren, mit denen man Wohlwollen und freundliche PR erreichte, gehen zur Neige. Die Beachtung von ESG ist zu einem absoluten »Muss« geworden, da es eine sehr große Macht hat, die Risiken zu minimieren und den Shareholder Value zu maximieren.

»Es ist noch in der Sturm-und-Drang-Phase, wo es sich herausbilden und festigen muss«, sagte Corporate Director Nora Denzel. »Die Boards setzen sich zusammen und erstellen Kriterien-Sets rund um Diversität, Kohlendioxid-Fußabdrücke, Sicherheit am Arbeitsplatz und so weiter. Sie überlegen, welche Aspekte von Umwelt, Nachhaltigkeit und Governance für ihr Unternehmen am wichtigsten sind.«[1]

Die Relevanz und der Aufstieg von ESG-Prioritäten ist häufig Kräften von außen geschuldet: Als Arjuna Capital und As You Sow eine Resolution einreichten, der zufolge Exxon Mobile darlegen sollte, wie das Unternehmen die Abhängigkeit von fossilen Brennstoffen zu verringern gedenkt, hoben sie den Klimawandel als wirtschaftliches Risiko hervor, das die Aufmerksamkeit des Unternehmens sowie mehr Transparenz zwischen Board und Aktionären erfordere.[2] Im März 2018 stellten institutionelle Investoren, die 100 Millionen Dollar an Aktienwert von Rio Tinto repräsentierten, den schriftlichen Antrag an den australischen Zweig des Bergwerksbetreibers, seine Mitgliedschaften in diversen Vereinigungen zu überprüfen.³ Die Anklage lautete: Die Lobbyismus-Aktivitäten dieser Gruppen behinderten eine vernünftige Klimaschutz- und Energiepolitik und stellten aus diesem Grund eine Gefahr für die finanzielle Position von Rio Tinto dar.

»Aktivismus und aktive Aktionäre befeuern diese Veränderungen in der Definition guter Unternehmensführung«, sagte Nora Denzel. »Aufgrund der externen Wegweisung durch Investoren mussten die Boards ihre Werkzeuge neu sortieren.«[4]

Darüber hinaus erleben zahlreiche Unternehmen substanzielle Zugewinne, seit sie die ESG-Analyse als zentralen Teil in ihre Investitionsstrategien integrieren. Ein Fall, der dies beweist: Die von den Unterzeichnern der *Principles for Responsible Investment* der Vereinten Nationen verwalteten Vermögenswerte stiegen in zehn Jahren von sechs Billionen auf beinahe 60 Billionen US-Dollar.[5]

In einem weiteren Beispiel fand eine Gruppe von der Harvard Business School heraus, dass Geldanlageformen, in denen mehr Unternehmen mit sichtbar guten ESG-Bewertungen vertreten sind, in der Regel höhere jährliche Erträge bekanntgeben.[6]

In dieser Situation konzentrieren sich die Führungsgremien nun auf die Entwicklung der Prozesse, Strukturen und Tools, mit denen sie ihre Anstrengungen mobilisieren und koordinieren können. Wo soll man anfangen, damit man den Veränderungen – und den Erwartungen der Aktionäre – zuvorkommt? Versuchen Sie, sich auf die folgenden drei Gebiete zu konzentrieren: Aufzeichnung der Daten, transparente und empathische Kommunikation und die Ernennung der Board-Mitglieder zu ESG-Botschaftern.

5.1 Aufzeichnung der Daten

Damit Unternehmen schädliche Auswirkungen vermindern und zukünftiges Wachstum in die richtigen Bahnen lenken können, müssen sie zuerst wissen, wie sich ihre Geschäftstätigkeit auf ihre

Umgebung und die Gesellschaft auswirkt. Immer häufiger verlangt nicht mehr nur die Rechnungslegung solche Daten, sondern auch institutionelle Investoren, die die ESG-Daten in die Unternehmensbewertungen und Investitionsstrategien mit einrechnen.

BlackRock ist hier besonders aktiv. Gemeinsam mit J.P. Morgan geben sie eine neue Reihe ESG-Indices aus[7], entwickeln ESG-Fonds für Rentensparpläne[8] und setzen einen offenen Brief an die CEOs aller Aktiengesellschaften auf, in dem sie betonen, wie wichtig die Übernahme der Führung auf dem Gebiet der ESG sei.[9] Gleichzeitig kündigt Vanguard an, dass man dort die Herausgabe zweier Indexfonds plant, bei denen ESG den Schwerpunkt bilden.[10]

Wenn die größten Investoren der Welt die Leistung der Unternehmen hinsichtlich ESG beobachten, so müssen diese Unternehmen diese Kennzahlen ebenfalls messen – idealerweise sogar mit einem Vorsprung, und zwar sowohl was die Informationstiefe als auch die Schnelligkeit betrifft.

»Früher waren wir Marathonläufer, aber jetzt müssen wir Sprinter und dazu noch sehr gut trainiert sein«, sagte Nora Denzel. »Wir müssen von Prozessen, die sich über mehrere Quartale hinzogen, wegkommen und einen anpassungsfähigen Führungsstil entwickeln, der atypische, zerstörerische Risiken besser erkennt und schneller arbeitet und reagiert. Manchmal müssen Board-Prozesse innerhalb weniger Stunden oder gar Minuten funktionieren.«[11]

Es entstehen aber auch immer mehr Tools zur Erleichterung dieses Übergangs. Kunden von StateStreet können mit deren ESGX^{SM}-Tool[12] den Kohlenstoff-Fußabdruck, die Board-Diversität und die Arbeitskräftesituation entlang der Lieferkette prüfen. Die Task Force on Climate-related Financial Disclosures (TCFD) hat im Internet einen Knowledge-Hub[13] eingerichtet, der 300 Stichwörter rund um Governance, Strategie, Risikomanagement und Kennzahlen enthält. Nutzer können hier nach Thema und Ressourcentyp suchen, darunter Regulierungstexte, Ratgeber, Forschungen, Rahmenwerke und Webinare.

Allerdings gibt es bisher keine klaren Standard-Messwerte oder Terminologien zur Bewertung von Initiativen und ihrer Effektivität hinsichtlich aller ESG-Bereiche. Eine umfassende Beurteilung der ESG-Effektivität erfordert sowohl die qualitative Bewertung, wie das Unternehmen »weiter denkt als nur an sich selbst« als auch quantitative Daten, die die Wirkung auf den finanziellen Gewinn messen.[14]

Während sich dieser Bereich noch in der Entwicklung befindet und gerade langsam Gestalt annimmt, können Unternehmensführer und Governance-Berater sich Inspirationen holen, indem sie sich ansehen, was Unternehmen weltweit für Maßnahmen ergreifen. »Netflix arbeitet beispielsweise sehr innovativ«, sagte Nora Denzel. »Die Board-Mitglieder erhalten vor den Sitzungen nicht mehr einfach einen Haufen Material, sondern ein geteiltes Online-Dokument, in das sie in der Zeit vor der Sitzung Anmerkungen und Kommentare einfügen können. Das Management kann sich das Dokument dann durchlesen und sich ebenfalls bereits Anmerkungen und Fragen für das Meeting notieren. Es ist ein lebendiges Dokument und nicht nur ein einmaliger Download mit großen Mengen an Material, das alles auf einmal verdaut werden muss.«[15]

Ein Blick auf ESG in Großbritannien[16]

Pamela Coles ist Company Secretary (Juristischer Vorstand) der Aktiengesellschaft Rolls Royce plc. Darüber hinaus hat sie bisher schon mehrere ähnliche Posten bekleidet, darunter als Head of Secretariat bei Centrica plc, Group Company Secretary und Mitglied der Geschäftsleitung der Rank Group plc sowie Company Secretary und Leiterin der Rechtsabteilung bei RAC plc. Frau Coles ist externes Board-Mitglied von E-ACT, einer großen Stiftung, die mehrere britische Akademien verwaltet, sowie Fellow des britischen ICSA: The Governance Institute.

Was unternimmt das Board von Rolls Royce hinsichtlich der ESG?

Wir haben gerade unseren Umweltausschuss auf die Vorstandsebene gehoben und zu einem Umwelt- und Nachhaltigkeitsausschuss erweitert, der von unserem Technologie-Vorstand geleitet wird. Auch der Vorsitzende und ich sind Mitglieder im Ausschuss, um eine starke Verbindung mit dem Board sicherzustellen. Wir laden Aktionäre ein, zu kommen und sich mit dem Ausschuss auszutauschen, damit wir ihnen zuhören und einen gegenseitigen Dialog führen können. Zudem geben wir einen ESG-Newsletter heraus und veranstalten Governance-Days, zu denen Investoren und andere Stakeholder eingeladen werden.

Auch die Mitarbeiter beziehen wir stark ein. Eines unserer externen weiblichen Board-Mitglieder ist unser »Mitarbeiter-Champion« und wir haben einen Stakeholder-Ausschuss, der sie unterstützt. Sie besucht alle Niederlassungen, holt bei Treffen mit zahlreichen Gruppen vielfältige Meinungen ein und nutzt jede Gelegenheit, die Belange der Mitarbeiter und die Kultur kennenzulernen. Sie war beispielsweise bei Versammlungen des Europäischen Betriebsrats, bei Veranstaltungen zum Thema Inklusion und Diversität, bei Treffen mit unseren Studienabsolventen und Auszubildenden und hat an interaktiven Online-Sitzungen teilgenommen. Ihr Feedback gibt sie direkt an das Board weiter. Natürlich soll das kein Ersatz für andere Wege sein: Mitarbeiter können sich weiterhin ans Management wenden oder als Whistleblower an die Öffentlichkeit gehen, aber es eröffnet einen zusätzlichen, neuen Weg, wie das Board den Mitarbeitern zuhören kann. Wir machen vieles jetzt ganz anders, zum Beispiel halten wir »Meet the Board«-Veranstaltungen mit völlig offenen Fragerunden ab, in denen jeder eine beliebige Frage stellen kann. Und wir führen ein »Board-Apprentice«-Programm, also ein Ausbildungsprogramm für neue Board-Mitglieder durch.

Ist ein Commitment zu ESG strukturell oder kulturell?

Die Struktur ist wichtig, aber die Kultur ist sogar noch bedeutsamer. Die britische Regierung startete beispielsweise eine Reihe von Initiativen und sagte, wir müssten mit unseren Angestellten in Verbindung treten. Wir taten es aber nicht deshalb, sondern weil es für uns wichtig war. Man muss Unternehmensführung so anwenden, dass man Vorteile daraus zieht, und nicht nur stur Punkte abhaken. Wenn man etwas tut, nur weil der Gesetzgeber es verlangt, erbringt es noch lange keinen echten Wert.

Die Zusammensetzung des Boards wird nun vielfältiger. Wie bringen Sie neue Direktoren auf den Stand der Dinge, sodass sie wertvolle Arbeit leisten?

Wir sehen uns ihre bisherigen Leistungen und ihren Kenntnisstand an und dann helfen wir ihnen, die Lücken zu füllen. Eines unserer Mitglieder kommt aus Singapur und hat sehr gute Verbindungen nach China, andere kommen aus den USA und sind manchmal nicht so vertraut mit der Unternehmensführung in Großbritannien. Wir gestalten ihre Einführung dann so, dass sie ihre Lücken füllen können, und im Gegenzug geben sie ihr Fachwissen an die übrigen Board-Mitglieder weiter.

5.2 Transparente und empathische Kommunikation

Sobald ein Unternehmen seine Daten gesammelt hat, muss es sie auch teilen.

Die heutigen institutionellen Investoren und Aktionäre verlangen ganz neue Transparenz-Standards von den Führungsgremien. Wer Informationen zurückhält, vor allem über die sensiblen ESG-Themen, riskiert einen Proxy Fight, Widerstand gegen die Berufung von Board-Mitgliedern und weitere Probleme, vor allem in der heutigen Zeit, in der es viele aktivistische Investoren gibt.

Im März 2018 sorgte Trillium Asset Management dafür, dass die Aktionäre von Starbucks ihr Memo erhielten. Das Unternehmen argumentierte, dass sich die unzureichenden Angaben über Diversität negativ auf das Geschäftsergebnis und die Unternehmenskultur auswirkten, und brachte eine Aktionärsanfrage ein, die einen jährlichen Bericht über Zahlen und Richtlinien hinsichtlich der Diversität verlangte.[17] Als Walmart die Abstimmungsregeln für Vergütungstransparenz und andere Dinge änderte, kam es zu einem Novum in der Geschichte seiner Aktionärsversammlungen: Eine aktivistische Website[18] stellte die Frage: »Was hat Walmart zu verbergen?«

Die Offenlegung ist vor allem bei ESG-Themen eine heikle Sache.[19] Das Gesetz – und immer häufiger auch die Aktionäre und die Öffentlichkeit – fordern ein gewisses Maß an Offenheit. Und ein Richterspruch über eine Zurückhaltung oder Falschdarstellung von Informationen kann bedeutende juristische und finanzielle Konsequenzen haben. Unternehmen, die zu viel preisgeben, riskieren jedoch den Verlust oder die Schmälerung ihrer Wettbewerbs- und Operationsvorteile.

Wie können Unternehmensführer festlegen, was sie mitteilen (und was sie geheim halten), um solchen Forderungen zuvorzukommen? Und wie können sie sicherstellen, dass die Informationen auf empathische, transparente Weise kommuniziert werden?

Die Entscheidung darüber, was mitgeteilt wird, ist ein komplizierter, ununterbrochener Prozess, der in jedem Führungsgremium anders abläuft. Informierte Mitglieder sind der erste Schritt zum Erfolg. Governance-Fachkräfte sollten die Berichte so gestalten, dass alle, die Bescheid wissen müssen, sie gut verstehen können, und sie sollten die Board-Mitglieder schulen, damit sie ihre Analysen und Erkenntnisse in ihrer Rolle als Unternehmensbotschafter in der richtigen Weise an die Investoren, Anteilseigner, an das interne Publikum, die Kunden und die Öffentlichkeit kommunizieren können.

Ein Stakeholder-Beirat, wie bei dem französischen Versicherungsunternehmen AXA[20] oder dem kanadischen Energieversorger IESO,[21] kann dazu beitragen, dass die Governance-Fachleute bei aktuellen und neu hervortretenden Themen immer auf dem Laufenden bleiben – vor allem bei Themen, die unterversorgte Gemeinschaften, Diversität und soziale Inklusion sowie ökologische Nachhaltigkeit betreffen. Eine breite Vielfalt von Perspektiven finden Sie, wenn Sie Nonprofit-Organisationen, NGOs und andere Gemeinschaften einbeziehen. Binden Sie sie während und zwischen den Sitzungen aktiv ein, hören Sie ihnen gut zu, wenn sie ihre Bedenken äußern, und reagieren Sie darauf.

Technische Lösungen unterstützen empathische, transparente Kommunikation auf allen Ebenen: bei der Mitteilung von Informationen, bei der Kooperation und bei der Entscheidungsfindung durch automatische Stimmabgabe und Beschlüsse in Echtzeit. Eine solche elektronische Dokumentation kann sich als sehr wichtig erweisen, wenn das Board im Zweifelsfall die Entscheidungsprozesse nachvollziehbar darlegen muss.

Als übergreifende Grundregel empfehlen wir die Befolgung der Best Practices der Vereinten Nationen: Kommunizieren Sie intern und extern so, dass alle die Bedeutung der ESG-Probleme verstehen und dass jeder weiß, was zu ihrer Lösung unternommen wird, damit die Geschäftspraxis transparenter und ethischer wird.[22] Und sobald Sie Reportingstandards etabliert haben, sollten Sie auch klar darauf hinweisen, dass Ihre Offenlegungsmaßnahmen diesen Standards entsprechen.

5.3 Machen Sie Ihre Board-Mitglieder zu ESG-Botschaftern

Im Idealfall sollten die Sitzungen nur einen kleinen Teil der Rolle eines Board-Mitglieds bilden. Die Mitglieder des Führungsgremiums sollten vielmehr auch außerhalb des Unternehmens als die stärksten »Evangelisten« auftreten. Leider ist dies oft leichter gesagt als getan. Feste Standpunkte zu »heißen Eisen« wie Klimawandel, Einwanderung, LGBTQ-Rechte oder Gleichberechtigung von Frauen und Minderheiten werden nicht überall positiv aufgenommen. Aktionäre repräsentieren schließlich das gesamte Spektrum der politischen Meinungen. Eine klare Meinungsäußerung zieht daher häufig öffentliche Gegenreaktionen, Boykotte und sogar strafende Tweets aus den höchsten Regierungsebenen nach sich.

Aber wie wirkt sich eine solche Meinungsäußerung auf die Gewinne aus? Die *Harvard Business Review* untersuchte die täglichen Aktienkurse vor und nach deutlichen Aussagen über ESG-Themen der CEOs von mehr als einem Dutzend Unternehmen.[23] Das Ergebnis: Bei den meisten Unternehmen ergaben sich nach solchen Statements keinerlei nachhaltige Änderungen des Aktienkurses und bei denen, wo es dazu kam, kehrten die Kurse nach rund zwei Monaten wieder auf ihr übliches Niveau zurück.

Aron Cramer, ein Nachhaltigkeitsexperte, der Mitglied in vielen Boards ist, betonte in einem Interview mit der Zeitschrift *Forbes*, das im Januar 2018 erschien[24], wie wichtig es ist, dass Unternehmensleiter sagen, wofür sie stehen – und das vor allem unter dem Aspekt der gegenwärtigen politischen, ökonomischen und technologischen Umwälzungen. Ganz spezifisch nannte er die Notwendigkeit einer Investition in neue Technologien für saubere Energie sowie einer gemeinsamen Mitarbeit an Lösungen für globale Probleme. Wir sind davon überzeugt, dass Aktionäre solche Aussagen erwarten. Wenn Ihr Geschäft natürliche Rohstoffe, eine globale Mitarbeiterschaft oder vielfältige Kundenmärkte beinhaltet, dann kann ein Stillschweigen zu den Themen Klimawandel, Einwanderung oder Diskriminierung Bände sprechen – und das nicht in positivem Sinn.

Technologie kann die Belastung, ein klares Statement abgeben zu müssen und sich so den Gegenreaktionen der Kollegen, der

Medien oder der Öffentlichkeit auszusetzen, nicht mildern. Software und Apps können die perfekt abgestimmten ESG-Botschaften, die sowohl die Werte Ihres Unternehmens als auch den Zeitgeist treffen, leider nicht formulieren. Diese Aufgabe obliegt den fähigen Köpfen in Ihrem Board.

Aber die Online-Tools können es Ihnen erleichtern, die Botschaften zu verbreiten. Und sie können eine intimere Verbindung zwischen Unternehmensführern, Investoren, Aktionären und Kunden herstellen – vorausgesetzt, dass die Verbreiter genau wissen, welche Botschaften geeignet sind und wie sie sie formulieren, und vorausgesetzt, dass es ihnen gelingt, auf Fragen in Echtzeit zu reagieren.

Das Angebot eines zentralisierten, bequemen Orts, an dem die neuesten Informationen (wie Botschaften und Infomaterial) zu finden sind, hilft den Board-Mitgliedern, Sicherheit im Umgang mit diesen Themen zu gewinnen, denn sie erfahren hier die neuesten Richtlinien und Entwicklungen in der Regulierung. Sie finden Nachrichten aus dem Unternehmen und Material über diese Entwicklungen. Sichere Apps und Online-Portale erleichtern die Diskussionen und das Teilen von Informationen für die interne Zusammenarbeit. Außerdem kann die Technologie durch die Verfolgung der externen Diskussionen, zum Beispiel der Reaktionen und Diskussionen in den sozialen Medien, dafür sorgen, dass die Unternehmensführer mit ihren Botschaften genau ins Schwarze treffen und nicht veraltet wirken.

Bei Rolls Royce arbeiten alle Mitglieder des Führungsgremiums zusammen, um die Board-Dokumente zu verbessern.»Die Leute glauben anscheinend, dass Board-Mitglieder 40 bis 50 Seiten detaillierte Informationen wollen, aber sie müssen nicht an einem Wochenende so viel lesen wie [den Roman] *Krieg und Frieden*«, sagte Company Secretary Pamela Coles.»Wir entwickelten mithilfe einer externen Firma eine gute Vorlage und ein gutes Schulungsprogramm. Dabei mussten wir das Management-Team einbeziehen und ihnen erklären, dass sie sich um diese Papiere kümmern müssen und für sie verantwortlich sind. Und wir mussten das Board fragen, was es sich von diesen Papieren erwartete.«

»Also haben wir viele Fortbildungsveranstaltungen gemacht, Vorlagen erstellt und sogar Videos von Board-Mitgliedern gemacht, die sagten: ›Genau das wollen wir sehen.‹ Die Verfasser dürfen nicht mehr als eine halbe Seite Executive Summary abliefern und sie müssen eine Schlussfolgerung ziehen. Wir strukturieren die Board-Dokumente jetzt rund um die Fragen, die das Board beantwortet haben will. Das ist zwar für die Verfasser nicht unbedingt einfach, aber es regt sie zum Nachdenken an.«[25]

Checkliste: Unterstützung von »Board-Botschaftern«

Wie können Boards ihre Mitglieder in die Lage versetzen, als effektive ESG-Botschafter zu fungieren? Die folgenden Empfehlungen stammen aus dem *United Nations Global Compact* von 2016, der Initiative der Vereinten Nationen für nachhaltige und verantwortungsvolle Unternehmensführung:[26]

- Halten Sie den Finger am Puls der ESG-Probleme, vor allem, wenn sie stark mit Ihrem Industriezweig zusammenhängen.
- Kommunizieren Sie zu diesen Themen mit allen Parteien: Board-Mitgliedern, Vorsitzenden, CEOs und Ausschüssen. Und passen Sie die Kommunikationen laufend an, wenn die Themen fortschreiten oder sich ändern.
- Planen Sie genügend Zeit und Informationen ein, damit diese Tagesordnungspunkte in den Sitzungen ausreichend diskutiert werden können.
- Sorgen Sie dafür, dass alle Board-Mitglieder die ESG-Probleme kennen und dass sie verstehen, wie sie sich auf die Geschäftstätigkeit und die Ergebnisse auswirken.

Die wichtigsten Erkenntnisse über ESG

- **Sammeln Sie Daten von den Mitarbeitern.** Hören Sie aktiv zu, wenn sie ihre Bedenken äußern, bevor sie sich ans Management wenden. Frage-und-Antwort-Sitzungen mit Board-Mitgliedern sind zum Beispiel eine einzigartige Möglichkeit, Feedback von den Mitarbeitern einzuholen.
- **Informieren Sie laufend alle Board-Mitglieder.** Die Berichte müssen gut verständlich sein und die Board-Mitglieder sollten gelernt haben, wie man sie analysiert und den Investoren, Aktionären, dem internen Publikum, den Kunden und der Öffentlichkeit die Erkenntnisse kommuniziert.
- **Blicken Sie über das eigene Unternehmen hinaus.** Es gibt sehr viele Unternehmen und Organisationen, die den ESG-Themen große Bedeutung zumessen, und sie können Ihnen als Vorbilder dienen.
- **Sprechen Sie deutlich aus, wofür Sie stehen.** In der heutigen Umgebung der politischen, wirtschaftlichen und technologischen Umwälzungen ist es entscheidend wichtig, dass Sie den Aktionären mitteilen, welche Standpunkte Ihre Board-Mitglieder zu den aktuellen Themen vertreten.
- **Lassen Sie sich von der Technik unterstützen.** Informationen teilen, zusammenarbeiten und Entscheidungen treffen – das alles sind Kommunikationsaufgaben, die die Technologie transparenter gestalten kann. Darüber hinaus hilft den Board-Mitgliedern ein zentraler Ort, an dem sie die neusten Informationen finden, bei allen relevanten Themen auf dem Laufenden zu bleiben und immer die neusten Nachrichten aus dem Unternehmen zu erhalten.

Ansichten aus Singapur über ESG und weitere Dinge[27]

Colin Low ist ein globaler/lokaler Topmanager und ein internationaler Board-Director mit Sitz in Singapur, der als Vorsitzender der Boards of Directors von Intraco Limited (Mainboard der Börse von Singapur) und der Singapore Investment Development Corporation tätig ist. Er ist der U.S. National Board Director für die Cancer Treatment Centers of America, die regionale Krankenhäuser in den USA betreiben. Darüber hinaus war er von 2005 bis 2010 Präsident der Region Südost-Asien für GE International und Board Director für die Asien-Pazifik-Region bei GE Investment.

Was ist in Ihren Augen die primäre Rolle und der primäre Wert eines Nachhaltigkeitsberichts?

Von Unternehmen im Index der Börse Singapur wird mittlerweile ein Nachhaltigkeitsbericht verlangt, aber er sollte auch *modus operandi* für jedes andere Unternehmen sein. Organisationen sollten von sich aus die Philosophie eines möglichst effizienten Einsatzes von Wasser und Elektrizität vertreten, bei ihren industriellen Prozessen ebenso wie bei den Alltagsoperationen. Jede Ressource sollte optimal eingesetzt werden, zum Beispiel so, dass weniger Treibhausgase erzeugt oder weniger Wasser verbraucht wird. Jede Organisation sollte diese Dinge grundsätzlich durchdenken. Das Unternehmen sollte eine positive Wirkung auf die Gemeinde haben, die es bedient. Es sollte Ansehen gewinnen, Vorteile schaffen und so weiter.

Wie managen Sie ESG und verwandte Initiativen im Lauf eines Jahres?

Da ich von GE komme, sind für mich vor allem gut ausgearbeitete Prozesse wichtig, und auf Board-Ebene braucht man klare Prozesse. In dem Board, in dem ich sitze, legen wir zu Beginn des Jahres die KPIs, die wichtigsten Messwerte und Prioritäten für das Unternehmen fest und diskutieren, was wir erreichen werden, ebenso wie die dazu erforderliche Strategie.

Im April konzentrieren wir uns auf Vergütung und die Führung des Managements. Wir beurteilen die Manager und ihre Leistungen im letzten Fiskaljahr, identifizieren die herausragenden Führungspersönlichkeiten (sie können durch ihre Abteilungen sogar bis zur C-Ebene aufsteigen) und führen eine unternehmensweite Beurteilung durch um festzustellen, wo bestimmte fähige Personen in ihre nächsten Positionen hineinwachsen können.

In der Jahresmitte machen wir uns Gedanken über unsere Leistung – nicht nur für das zweite Halbjahr, sondern für die kommenden zwei, drei Jahre. Derzeit haben wir zwei Unternehmen in der Kunststoffindustrie mit Niederlassungen, die in ganz Südostasien und China verstreut sind. Die Schwankungen des Ölpreises und der anhaltende Handelskrieg zwischen den USA und China wirken sich 2018 und darüber hinaus stark auf diesen Geschäftszweig aus. Unserer Einschätzung nach werden die Wirkungen aber positiv und opportunistisch sein.

Im Oktober kümmern wir uns um Compliance, Nachhaltigkeit – die Lücke zwischen der aktuellen Position des Unternehmens und der Regulierung hinsichtlich der Compliance. Singapur hat neue Regulierungen rund um die ESG-Bereiche, daher überprüfen wir um diese Zeit im Jahr, wie wir diese Anforderungen erfüllen.

Im Dezember beenden wir das Jahr dann mit einer erneuten Prüfung der Lücken und der Aktionen, die wir das ganze Jahr über unternommen haben, um die Volatilität zu dämpfen. Darüber hinaus verabschieden wir das endgültige Budget für das nächste Finanzjahr.

Sagen Sie uns bitte, was in Ihrem Board hinsichtlich der persönlichen Verantwortung von den Mitgliedern erwartet wird.

Wir stellen sehr hohe Erwartungen an alle Board-Mitglieder, gleichgültig, ob sie zur Unternehmensleitung gehören, unabhängig sind oder bestimmte Aktionärsgruppen repräsentieren.

Unsere Führungskräfte erwarten, dass die Board-Mitglieder das gesamte Spektrum der Stakeholder repräsentieren, denn wenn einzelne Gruppen das Board in verschiedene Richtungen ziehen, erstarrt das Unternehmen und kann weder wachsen noch sich verändern. In der heutigen Zeit müssen Boards sehr empfindlich sein und schnell reagieren können. Sie können nicht nur still sitzen. Sie müssen sich die Beiträge der Mitglieder sehr genau ansehen und fragen, ob ihnen tatsächlich die Interessen des Unternehmens am Herzen liegen. Für sehr große Aktiengesellschaften ist das manchmal sehr schwierig, weil von einzelnen Aktionären oft individuell hoher Druck ausgeübt wird. Board-Mitglieder müssen das Wachstum des gesamten Unternehmens im Blick haben und das langfristige Wohlergehen des Unternehmens als Ganzes muss im Zentrum des Denkens und der Interessen jedes einzelnen Board-Mitglieds stehen.

6 Persönliche Verantwortung

»Boards, die den Wettbewerb im digitalen Zeitalter ernst nehmen, bleiben am effektivsten und lebendigsten. Und Board-Mitglieder, die sich auf das Tempo der Veränderungen einlassen und sich die Mühe stetiger Weiterbildung machen, werden am wertvollsten sein.«[1]

Betsy Atkins

Wertschöpfung, Just-in-Time-Strategie und die Erreichung der ESG-Ziele und Aktivitäten hängen letztlich davon ab, dass alle Aufsichtsräte eine optimale Leistung erbringen. In letzter Zeit erweitern sich der Verantwortungsbereich wie auch die Haftung in der Unternehmensführung sehr stark und daher steht jedes Board-Mitglied unter genauer Beobachtung und trägt ein so hohes Risiko wie nie zuvor.

Der Facebook-Aktionär Jeremiah Hallisey verklagte 2018 eine Reihe der höchsten Vertreter des Unternehmens: Gründer und CEO Mark Zuckerberg, COO Sheryl Sandberg sowie die Board-Mitglieder Mark Andreessen, Peter Thiel, Reed Hastings, Erskine Bowles, Susan Desmond-Hellmann und Jan Koum.[2] Die Anklage lautete: Sie hatten nicht verhindert, dass sich Cambridge Analytica unrechtmäßigerweise Daten angeeignet hatte, und sie hatten es versäumt, betroffene Facebook-Nutzer und die Märkte zu informieren.

Dieser Fall ist nur die Spitze des Eisbergs. Mitglieder von Führungsgremien werden von den Aktionären verklagt, wenn aus Krisen Verluste entstehen, beispielsweise bei IT-Sicherheitslücken, sexueller Belästigung oder Diskriminierung, schlecht geplanter finanzieller Anreize und so weiter. In Streitsachen gegen Unternehmen von Home Depot bis 21st Century Fox werden Board-Mitglieder und Manager angeklagt, ihre treuhänderischen Pflichten vernachlässigt zu haben – wie Sorgfaltspflicht, Loyalität oder den Grundsatz von Treu und

Glauben. Governance-Fachleute stehen heute unter großem Druck, wenn sie ihre Finanzen, Karrieren und ihren guten Ruf schützen wollen.

Ebenso wie die Kontrollgremien als Ganzes immer stärker dazu angehalten werden, das Richtige für die Umwelt, die Gemeinschaft und für gute Unternehmensführung im Allgemeinen zu tun, stehen auch die einzelnen Mitglieder unter Druck, ihre Aufsichts- und Informationspflichten zu erfüllen und insgesamt vorausschauender zu denken und zu handeln.

Allerdings lässt sich die treuhänderische Verantwortung längst nicht mehr so wahrnehmen, wie zur Zeit unserer Großväter. Das rasante Tempo der Veränderungen verlangt von den heutigen professionellen Unternehmensführern nicht nur Effizienz, sondern auch hohe Leistungen. Es erfordert Führungskräfte, die nicht nur die bestehenden Prozesse beschleunigen, sondern auch neue Wege finden und beschreiten.

Die Rolle der Mitglieder der Kontrollgremien hat sich in der heutigen Welt hoher wirtschaftlicher Volatilität und digitaler Umwälzungen ebenfalls verändert: Sie sollen nicht mehr als »vertrauenswürdige Berater« fungieren, sondern als »Chef-Fragesteller«. Die Rolle verlangt neue, andere Fragen und auch vielfältige und neue Arten von Informationen. Oft wird auch wesentlich mehr Transparenz erwartet, vor allem von Seiten der Medien, der Öffentlichkeit und von aktivistischen Anteilseignern.

Damit die Gefahr eines Fiaskos unter ihrer Aufsicht möglichst gering bleibt, müssen Board-Mitglieder ihre Verantwortung so ernst nehmen wie nie zuvor. Wie? Nun, wir empfehlen als Vorbild eine Strategie aus einer ganz anderen Sphäre, in der Höchstleistungen und stete Selbstverbesserung unerlässlich sind: dem Profifußball. Und wir schlagen vor, dass Sie sich auf die folgenden drei Bereiche konzentrieren: Halten Sie die Regeln ein, spielen Sie gut im Team und kommen Sie immer in »Bestform« an den Konferenztisch.

6.1 Halten Sie die Regeln ein

So, wie Fußballer in den 90 Minuten auf dem Platz alle sportlichen Regeln einhalten müssen, so müssen sich auch die Mitglieder der Führungsgremien an alle geltenden Gesetze und regulatorischen Anforderungen halten. Bei Verletzungen drohen dem Kontrollgremium eines Unternehmens wesentlich härtere Strafen als eine Rote Karte oder zwei Minuten Penalty. Ein Mitglied aus der Unternehmensführung, das sich nicht an die Regeln hält, riskiert behördliche Maßnahmen, strafrechtliche Ermittlungen, hohe finanzielle Verluste, den Verlust des guten Rufs und langwierige Gerichtsverfahren.

Für ein vielbeschäftigtes Mitglied des Boards ist es oft schwierig, sich über alle rechtlichen Bestimmungen auf dem Laufenden zu halten, vor allem, wenn sich ein Bereich so schnell verändert wie die Cybersicherheit. Überall auf der Welt reagieren die Gesetzgeber auf die Sorgen der Verbraucher bezüglich des Schutzes ihrer Daten und der immer ausgefeilteren und breiter angelegten Angriffe aus dem Cyberraum. In den letzten Jahren mussten die Unternehmen nicht nur mit der neuen Datenschutz-Grundverordnung der EU zurechtkommen, sondern auch mit neuen Regeln zur Cybersicherheit[3] in wichtigen Finanz- und Handelszentren wie dem Bundesstaat New York, China oder Singapur.

Board-Mitglieder benötigen heute alle aktuellen, relevanten Informationen. »Dennoch erhielten lediglich 34 Prozent der Boards von Aktiengesellschaften Schulungen über Compliance und Unternehmensethik«, schrieb Priya Cherian Huskins, Partnerin und Senior Vice President sowie Board-Mitglied bei Woodruff Sawyer, Board-Mitglied von Realty Income Corporation und Mitglied des Beirats des Rock Center for Corporate Governance der Stanford-Universität, in einem Artikel für Woodruff Sawyer im März 2018.[4] »Diese Daten stammen aus dem ›2017 Compliance Training and the Board Survey‹ der Society of Corporate Compliance and Ethics und der Health Care

Compliance Association. Und noch schlimmer: Von denjenigen Board-Mitgliedern, die eine Schulung erhielten, waren nur 18 Prozent sehr zufrieden damit.«[5]

»Es gibt so viele untypische Risiken, die alle in den letzten paar Jahren den Umschlagspunkt erreichten«, sagte Corporate Director Nora Denzel. »Es kann wohl niemand das nächste umwälzende Risiko vorhersagen, das plötzlich über Nacht zum Vorschein kommt. Aber ein anpassungsfähigerer Führungsstil kann dazu beitragen, dass die Boards angemessen und rasch reagieren.«[6]

Wenn die Aufsichtspflichten derart unablässig gefragt sind, wird die Schulungslast auch nach der Einarbeitungszeit nicht leichter. Board-Mitglieder, die ohnehin schon ihre grundlegenden Pflichten in der Strategieplanung, Überwachung und Finanzaufsicht wahrnehmen müssen, müssen sich nun auch noch mit immer anspruchsvolleren Regulierungen und Erwartungen auseinandersetzen. Da Risiko, Compliance und Technologie die zuvor schon langen und komplexen Tagesordnungen der Kontrollgremien noch zusätzlich komplizieren, delegieren zahlreiche Boards den Großteil dieser Aufgaben an einen Ausschuss.

Corporate Director Laurie Yoler, die Mitglied in den Boards von Tesla, Church & Dwight und Bose ist, machte auf die Nachteile dieser Praxis aufmerksam – in diesem Fall des Delegierens der Aufsicht über die technologischen Entwicklungen: »Wie soll sich das Plenum je an die technischen Begriffe gewöhnen und mit dem Thema vertraut werden, wenn sie nur in einen einzigen Ausschuss verbannt werden? Die Probleme, denen eine Firma gegenübersteht – zum Beispiel die Cybersicherheit –, haben eine derart breite Wirkung, dass man sich wirklich zuvor ganz genau überlegen muss, was das gesamte Board prüfen muss und was der Ausschuss alleine behandeln kann.«[7]

Ralph Loura, der als Technologie-Manager bei Rodan + Fields, bei Clorox sowie bei HP tätig war, erkennt in beiden Perspektiven einen Wert. Er war bisher noch nie in einem Board, das einen eigenen Ausschuss für technische Themen hatte, »aber in einigen Firmen, in denen ich tätig war, zeigte sich ein derartiger Bedarf.« Ein Technologie-Ausschuss könne ein guter Schritt sein, wenn man gleichzeitig darauf achte, dass entscheidend wichtige Themen wie die Cybersicherheit dem Plenum vorgelegt würden. »Für eine effektive Aufsicht über den Technologie-Bereich braucht man das gesamte Board«, erklärte Loura. »Er sollte nicht nur an den Rechnungsprüfungsausschuss übergeben werden.«[8]

Damit Ausschüsse überhaupt gut funktionieren, ist eine effektive Kommunikation lebenswichtig. Wie alle Ausschüsse kommunizieren auch Compliance-Ausschüsse in der Regel in Form von Berichten mit den übrigen Board-Mitgliedern. Darüber hinaus existieren keine verpflichtenden Regeln, welche Informationen in den Berichten enthalten sein müssen. Laut Deloitte bergen Compliance-Ausschüsse drei große Risiken: Es könnten zu wenig Informationen oder nicht die richtigen Informationen weitergegeben werden und es kann auch sein, dass sie nicht rechtzeitig genug kommen.[9] Während die Ausschüsse also ihre Pflicht erfüllen, müssen die Board-Mitglieder selbstständig ihre Verantwortlichkeiten wahrnehmen. Sie müssen aktiv die Berichte anfordern und lesen, Fragen stellen und in angemessener, rechtzeitiger und durchdachter Form reagieren.

Technische Lösungen helfen hier zumindest bei der Organisation der Informationsweitergabe. Strukturelle und prozedurale Absicherungsmaßnahmen können dazu beitragen, dass Board-Mitglieder nicht in juristische Fallen tappen. Aber Tools und Prozesse machen nur einen Teil der Stärkung und Durchsetzung der Verantwortlichkeit aus. Das Board muss eine Kultur pflegen, in der Compliance Vorrang genießt, und Systeme müssen dafür sorgen, dass sie in die Prozesse, Kontrollmechanismen und in die Operationen eingebettet bleibt.

Eine globale Betrachtung von Best Practices in guter Unternehmensführung[10]

Susan Forrester ist in Australien Board-Mitglied in mehreren Aktiengesellschaften: Board-Mitglied und Vorsitzende des Vergütungsausschusses bei G8 Education Ltd., Vorsitzende und nicht im Management tätiges Board-Mitglied von National Veterinary Care, Ltd., Board-Mitglied und Vorsitzende des Audit- und Risikoausschusses von Over The Wire, Ltd., sowie Board-Mitglied und Vorsitzende des Personal- und Kulturausschusses bei Xenith IP, Ltd.

Wie stellt sich die Situation hinsichtlich der Verantwortlichkeit und des Risikos in Australien dar?

Das Thema erhält in letzter Zeit sehr hohe Aufmerksamkeit. Die Australische Versicherungsaufsicht APRA (Australian Prudential Regulation Authority) veröffentlichte vor Kurzem ihren Abschlussbericht über die Governance, Kultur und Rechenschaftspflichten in der Commonwealth Bank of Australia (CBA), der größten Bank Australiens. Der Bericht folgte auf mehrere schwerwiegende Vorfälle sowie die Anti-Geldwäsche-Ermittlungen der Australischen Finanzaufsicht AUSTRAC, die hohes Aufsehen hervorriefen. Gleichzeitig gab es Ermittlungen der Royal Commission into Misconduct in the Banking, Superannuation, and Financial Services Industry wegen groben Fehlverhaltens in der Finanzbranche.

Die zusammenfassende Schlussfolgerung der APRA lautete, dass der langanhaltende finanzielle Erfolg der CBA »die Sinne der Institution abgestumpft« und zu einer weit verbreiteten Selbstzufriedenheit im Umgang mit Risiken geführt habe. Besonders kritisch beurteilte der Bericht die Arbeit des Boards der CBA sowie dessen Interaktion mit dem Management.

Beide Berichte enthüllten wahrlich erschütternde Tatsachen über Boards, die ihre leitenden Manager nicht zur Rechenschaft zogen. Die Führungsriege kassierte ihre vollen kurz- und langfristigen Vergütungen unabhängig davon, ob sie gute Leistungen erbracht und angemessene Absicherungen gegen Risiken und für Compliance aufrechterhalten hatte oder nicht. Viele Banken wahrten bei der Aufrechterhaltung der Compliance-Prozesse zwar den Schein, doch in Wahrheit waren sie nur reine Pflichtübungen. Ein Finanzinstitut zog sogar Zinsen für Konten von bereits verstorbenen Personen ein und verlangte unangemessen hohe Gebühren für Beerdigungszeremonien von Ureinwohnern. Bei allen Banken und Instituten, die in diese Krise verstrickt waren, hatten die Board-Mitglieder entweder keine Ahnung von den Vorgängen oder sie wussten Bescheid und beteiligten sich daran.

Es stellte sich heraus, dass die Finanzinstitute viel zu oft die Grundsätze ehrlichen Geschäftsgebarens für kurzfristige Gewinne geopfert hatten. Wie sonst ließe sich erklären, dass sie Verstorbenen weiterhin Beratungsgebühren in Rechnung stellten? Zu häufig bildete der Verkauf den Mittelpunkt des Interesses. Finanzprodukte und -dienstleistungen schossen in großer Vielfalt aus dem Boden und die Banken wollten sich einen möglichst großen Anteil am Geld der Kunden sichern. Von der höchsten Führungsebene bis hinunter zum Schalterangestellten wurden alle Mitarbeiter nur nach Absatz und Gewinn beurteilt und belohnt. Wenn Fehlverhalten ans Licht kam, wurde es entweder gar nicht oder zumindest nicht angemessen bestraft. Die Finanzdienstleistungsaufsichtsbehörde ASIC strengte selten Gerichtsverfahren gegen solches Fehlverhalten an und die Versicherungsaufsicht APRA ging nie vor Gericht. Nach der Aufdeckung von Vergehen passierte nichts außer einer Entschuldigung, einem zögerlichen Wiedergutmachungsprogramm oder einer Unterlassungsaufforderung.

Welche Gegenmaßnahmen wurden in dieser Situation vorgeschlagen?

Einige der Gegenmaßnahmen beziehen sich zwar nur auf regulierte Finanzinstitute, aber viele Empfehlungen sind auch in anderen Bereichen relevant, weil sie sich auf die Leistung von Kontrollgremien beziehen und darüber hinaus auf Unternehmenskultur und Risiko-Management. Australische Aufsichtsräte sollten die Kommentare und Empfehlungen der APRA kennen und prüfen, ob ihre internen Prozesse diesen Empfehlungen entsprechen.

Unter anderem diese Governance-Themen unterstützen die ARPA-Empfehlungen:

- Stärkung der Strukturen, die die Rechenschaftspflicht zwischen dem Board und seinem Rechnungsprüfungs- und Risikoausschuss sowie zwischen dem Board und dem leitenden Management festlegen.

- Die Erwartung, dass das Board die Leistungen und Vergütungen der obersten Managementriege beurteilt und sicherstellt, dass beides die Verantwortlichkeit der einzelnen Personen und der Gruppe für echtes Risikomanagement und Compliance widerspiegelt.

Die Kommission will sehen, dass alle Mitglieder der professionellen Unternehmensführung ihre Rolle und Verantwortung für die Überwachung wichtiger Risikobereiche und ihre Eskalation wieder in den Mittelpunkt rücken, darunter die Bereiche der Regulierung, der Rechnungsprüfung und andere finanzielle und operative Risiken. Dazu wird eine deutliche Aufwertung der Autorität, des Status und der Kompetenzen der Personen erforderlich sein, die im Board für Compliance und für das operative Risiko verantwortlich sind.

Die Boards werden stärkeren Wert auf eine gute Organisationskultur legen müssen, die ganz oben an der Spitze beginnt. Diese Kultur muss verstärkt und von allen Führungskräften einheitlich und konsistent vorgelebt werden.

Die Gesetze in Australien fordern bereits von Finanzinstituten, dass sie »alles Erforderliche leisten, um sicherzustellen«, dass ihre Dienstleistungen »effizient, ehrlich und gerecht« geleistet werden. Das Verhalten, das die Regulatoren anprangerten, war gesetzeswidrig. Die Verabschiedung neuer Gesetze, die wieder besagen: »Das dürft ihr nicht tun«, würde dem bereits sehr komplexen Regelwerk nur noch eine zusätzliche Schicht hinzufügen. Was wäre dadurch gewonnen? Sollten nicht lieber die vorhandenen Gesetze besser angewendet und durchgesetzt werden?

Leider werden die meisten Boards nur Checklisten abhaken und dann meinen, sie hätten ihre Verantwortung damit erfüllt. So wird aber wieder nicht von jedem einzelnen Board-Mitglied Transparenz und Rechenschaft gefordert. Statt sich auf Checklisten zu konzentrieren, sollten die Aufseher lieber darüber diskutieren, wie sie ihre eigene Leistung entsprechend der neuen Anforderungen steigern können. Die Veränderungen müssen umfassender, ganzheitlicher und mit mehr Verantwortungsgefühl durchgeführt werden. Der Fokus muss auf Offenheit liegen, nicht auf Konformität.

Hängt gute Unternehmensführung eher mit Kultur oder mit Struktur zusammen?

Wir alle wissen, dass Boards disziplinierte Rechenschaftsstrukturen brauchen und dass sich Compliance-Prozesse immer enger schnüren lassen, aber wenn wir nur die Struktur überprüfen und die Kultur vernachlässigen, sehen wir auch nur die Hälfte des Problems. Das erinnert mich an den Spruch von Peter Drucker: »Die Kultur verspeist die Strategie zum Frühstück!« Wir müssen darauf achten, ob das Board seine Rolle in der Zusammenarbeit mit dem Management erfüllt, ob die Personen Vertrauen zueinander entwickeln und sich gegenseitig unterstützen.

Vertrauen gewinnt man durch regelmäßige Kontakte, durch Telefongespräche und Diskussionen. Man verdient es durch guten Umgang mit schwierigen Situationen, beispielsweise bei der Verabschiedung eines CEOs, oder durch sachliche Diskussionen mit den Aktionären über die Gründe, warum im letzten Quartal die Zahlen verfehlt wurden.

Achten Sie darauf, ob sich das Vertrauen zum CEO entwickelt. Erhalten Sie rechtzeitig qualitativ hochwertige Informationen? Wenn Board-Mitglieder sich bei ihren Entscheidungen nicht genug informiert fühlen, erodiert das Vertrauen. Prüfen Sie daher lieber regelmäßig, wie es dem Board geht, und verlassen Sie sich dabei nicht auf eine einmal pro Jahr stattfindende Checklistenprüfung. Wie ein Parlament oder die Vereinten Nationen steht auch ein Board vor der Herausforderung, als leistungsfähiges Team zusammenzuarbeiten, obwohl sich die Mitglieder nur einige Male pro Jahr treffen. Es ist ein soziales System und es erreicht seine volle Effektivität nicht nur durch eine gute Struktur. Es muss auch Vertrauen herrschen, ebenso wie Respekt und eine starke Bindung.

Welche praktischen Maßnahmen kann ein Board ergreifen, um auf diese Weise miteinander zu diskutieren?

Sie sollten nicht Monat für Monat sklavisch derselben Tagesordnung folgen. Eine praktikable Möglichkeit ist beispielsweise, die Agenda auf etwa fünf kritische Punkte zu beschränken, die unbedingt besprochen werden müssen. So bleibt außerdem genug Zeit für ausführliche Diskussionen über die Themen, die aktuell unter den Nägeln brennen. Dazwischen sollte immer wieder in kürzeren, dynamischeren Gesprächssitzungen mit dem Management der Fortschritt der Strategie geprüft werden. Das sollte nicht nur zweimal im Jahr geschehen, sondern relativ häufig und in Echtzeit.

Stellen Sie fest, dass die Technologie die Arbeitsweise der Boards verändert?

Ich bin immer wieder überrascht, wie viele Board-Mitglieder noch mit Papier und Kugelschreiber arbeiten. Wenn sie in den Meetings dann langsam durch ihre 1000-seitigen Bücher blättern, ist das wirklich störend. Wir erwarten von unseren Managementteams, dass sie mit digitalen Geräten umgehen können, und dasselbe sollte auch für die Board-Mitglieder gelten. Ich hätte gern Board-Mitglieder, die im Umgang mit Video- und Telefonkonferenzen geschult sind. Wenn rasche Entscheidungen gefordert sind, brauchen wir diese Technik, aber wir können sie nicht optimal nutzen, weil einige Board-Mitglieder nicht damit umgehen können oder wollen.

6.2 Spielen Sie im Team

Heute gilt mehr denn je: »Im Team gibt es kein ›Ich‹.« Professionelle Unternehmensführer müssen die Interessen des Führungsgremiums und des Unternehmens über ihre eigenen stellen. Dazu gehört, dass Vertraulichkeit heilig ist, dass außerhalb des Sitzungszimmers nur mit einer Stimme gesprochen wird und dass man Interessenkonflikte unbedingt meidet.

In den Jahren 2017/2018 lieferte Papa John's Pizza[11] ein warnendes Beispiel dafür, was passiert, wenn die Führung uneins ist. Der Gründer und Board-Vorsitzende John Schnatter untergrub die Autorität eines neu berufenen CEOs, weil dessen Marketingkampagnen seine Person nicht mehr in den Mittelpunkt stellten. Anschließend widersetzte sich Schnatter ausdrücklichen Anweisungen des Boards und gab in nicht abgesprochenen Kommentaren der NFL und deren Streit um das Verhalten während des Erklingens der Nationalhymne die Schuld für die sinkenden Verkaufszahlen seiner Pizzas. Ein Sonderausschuss des Boards beschuldigte Schnatter, »in einem Versuch, die Kontrolle [über das Unternehmen] zurückzugewinnen, seine eigenen Interessen auf Kosten aller anderen zu fördern«. Als das Board Schnatter zu einer Zusammenkunft drängte, willigte er nur unter einer Bedingung ein: Das Unternehmen sollte ein jährliches Franchise-Treffen absagen. (Seine Forderung wurde zurückgewiesen.)

Nicht immer lassen sich Grabenkämpfe und Uneinigkeiten vermeiden, aber Führungsgremien können immerhin Strukturen und Prozesse einrichten, die sowohl das Risiko als auch seine Wirkungen so gering wie möglich halten. Sie können ihren Mitgliedern Richtlinien an die Hand geben, die auch aktuelle Themen wie Whistleblowing, Meldung von Fehlverhalten und Interessenkonflikte einschließen und immer auf dem neusten Stand sind.

Neue, in der Entwicklung befindliche Geschäftsmodelle, die im Zuge der digitalen Umwälzungen entstehen, machen es beispielsweise immer schwerer, Interessenkonflikte zu erkennen und zu vermeiden. Überlegen Sie einmal, wie eine Veränderung der strategischen Fokussierung die Wettbewerbslandschaft verwandeln kann. Durch den Umstieg von DVDs auf das Streaming von Fernsehprogrammen wurde Netflix zu einem direkten Konkurrenten der Fernsehsender. Als Amazon eigene Bekleidungsmarken herausbrachte, kamen zu seiner ohnehin breiten Konkurrenz auch noch Damenbekleidungshersteller hinzu. Daher sollten Führungsgremien regelmäßig ihre Richtlinien im Hinblick auf derartige Entwicklungen überprüfen und sich immer wieder den Fragebogen über mögliche Interessenskonflikte vornehmen.

Die Unternehmensführung muss währenddessen die traditionellen Auslöser von Interessenskonflikten im Auge behalten. Übermäßige Vergütung und persönliche Vorhaben stellen immer ein Risiko dar, weil sie Aufsichtsräte dazu verleiten, die Interessen des Boards zu vernachlässigen und stärker im eigenen Interesse zu handeln. Daher wirken sie oft besonders destruktiv auf die Teamdynamik.[12] Die Struktur der Boards sollte richtiges Verhalten unterstützen, indem sie starke interne Kontrollmechanismen, gegenseitige Kontrolle sowie Berichtssysteme vorsieht, die häufig überprüft werden.

Kultur, Kultivierung und persönliche Verantwortung aus der Sicht der nächsten Generation[13]

Priya Cherian Huskins ist eine Partnerin/Senior Vice President und gleichzeitig Board-Mitglied bei Woodruff Sawyer, ein Mitglied des Board of Directors der Realty Income Corporation sowie ein Mitglied des Beirats des Rock Center for Corporate Governance an der Stanford University.

Wie schafft man eine gesunde Kultur im Board of Directors – eine Kultur, in der von allen Mitgliedern persönliche Verantwortung eingefordert wird?

Man muss genug Zeit für Dialoge und Informationsaustausch vorsehen. Bei der Einarbeitung neuer Mitglieder können Sie die Normen und Erwartungen an ihr Verhalten ganz explizit äußern: Sie können beispielsweise klar sagen, dass erwartet wird, dass sie vorbereitet zu den Sitzungen erscheinen. Eine solche Klarstellungsübung erinnert gleichzeitig das gesamte Board an diese Erwartungen.

Mit Rücksicht auf die Good Governance versuche ich auch in meinem Kopf meine Aufgaben als Managerin klar von den Aufgaben als Board-Mitglied zu trennen. Manchmal muss das Board natürlich dennoch auch praktisch eingreifen, selbst wenn es sich dabei unwohl fühlt, beispielsweise, wenn ein Mitglied von einem #MeToo-Skandal betroffen ist. In solchen Momenten sollte man daran denken, dass dem Management alle Autorität nur vom Board übertragen wird. In einigen außergewöhnlichen Situationen müssen die Board-Mitglieder diese übertragene Autorität zum Wohl der Aktionäre, deren Vertreter sie sind, abändern oder ganz zurücknehmen.

Auch ein regelmäßiger Auffrischungsprozess erinnert das Board immer wieder an seine Aufgaben und gleichzeitig ist er eine natürliche Art, immer wieder die eigene Funktionsfähigkeit zu bewerten. Wenn das Board systematisch aufgefrischt wird, führt das auch dazu, dass gute Mitglieder sich ihre Neugier und Lernfähigkeit bewahren, und das ist wichtig, um dem unglücklichen und gefährlichen Umstand der Passivität vorzubeugen. Weil wir in einer Zeit der rasanten Veränderungen leben, braucht es Leute, die bereit sind, neue Informationen zu sammeln und manchmal aufgrund dessen auch ihre Meinung zu ändern. Das missfällt vielleicht einigen Mitgliedern, die sich nur auf ihre vergangenen Erfahrungen berufen. Für die Aktionäre ist es aber nicht gut, wenn Board-Mitglieder ihre Diskussionsbeiträge und Entscheidungen auf Erfahrungen und Umstände stützen, die heute vielleicht gar nicht mehr relevant sind.

Wie kann man am besten junge Aufsichtsräte der nächsten Generation auswählen und kultivieren?

Junge Führungskräfte der nächsten Generation lassen sich am erfolgreichsten kultivieren, wenn das Board sich anstrengt, tatsächlich die passendste Person zu finden. Es muss das Bewusstsein herrschen, dass es mit einer einmaligen Aktion nicht getan ist, und es müssen die Zeit und die Mühe investiert werden, die erforderlich sind, um das neue Mitglied in die Kultur des Gremiums zu integrieren.

Bei der Auswahl geben uns die elektronischen sozialen Plattformen zuvor undenkbare Einblicke in die berufliche Laufbahn und manchmal sogar in die Denkweise der einzelnen Personen. Das kann ein großer Vorteil sein, weil wir mithilfe dieser sozialen Netzwerke die Menschen auf eine Art kennenlernen, die sich vollkommen von dem alten Modell unterscheidet. Früher wurde überlegt:»Wen kenne ich persönlich?« So war die Auswahl natürlich begrenzt. Eine wichtige Rolle der Technik in Aufsichtsräten besteht heute in der starken Ausdehnung der Reichweite bei der Suche nach fähigen Personen.

Bei der Integration neuer Mitglieder kommt es darauf an, dass das gesamte Board den Prozess möglichst reibungslos gestalten will – selbst wenn viele neue Board-Mitglieder vieles auch alleine herausfinden könnten. Planmäßige

Aktionen wie die Einladung zu einem gemeinsamen Frühstück vor oder nach einer Sitzung – Dinge, die wir ganz natürlich tun, wenn wir wollen, dass ein neues Teammitglied gut integriert wird – machen hier sehr viel aus. Die Einarbeitung sieht bei jungen Mitgliedern kaum anders aus als sonst üblich. Falls ein Board bestimmte vorgefasste Vorstellungen von Veteranen oder jungen Leuten hat, kann es sehr schwierig werden, sobald die Vorurteile sich als falsch erweisen. Daher profitieren wirklich alle von einem gut durchdachten, krisenfesten Einarbeitungs- und Integrationsprozess.

Warum werden nicht mehr junge Führungskräfte in die Boards aufgenommen?

Einige Boards fürchten, dass Führungskräfte der neuen Generation einfach noch nicht genug Geschäfts- oder Lebenserfahrung haben und daher kaum gute Beiträge leisten können. In manchen Fällen trifft das vielleicht sogar zu und daher muss der Auswahlprozess gut funktionieren. Aber man sollte beachten, dass Alter nicht immer gleich einem guten Geschäftssinn ist. In wichtigen Bereichen wie dem Umgang mit sozialen Medien und den technologischen Umwälzungen können gerade die jungen Führungskräfte glänzen. Manchmal herrscht auch die Sorge, dass eine junge Führungskraft nicht genug Zeit hat – dass ihr Terminplan zu voll ist, um sich konzentriert zu engagieren. Deshalb ist es so wichtig, mit der jeweiligen Person über ihre Situation zu sprechen und zu erfahren, ob sie derartigen Beschränkungen unterliegt oder nicht. Es wäre doch schade, wenn man einen guten Kandidaten aufgrund einer vorgefassten Annahme über Terminschwierigkeiten verliert, die am Ende gar nicht zutrifft.

Wie viel müssen Board-Mitglieder wissen, um effektiv zu sein?

Das ist eine schwierige Frage, weil die Antwort so stark vom Unternehmen abhängt. Aber es ist auch eine sehr wichtige

Frage und sie ist eng mit der persönlichen Verantwortung verknüpft. Externe Board-Mitglieder müssen sich so genau informieren, dass sie sich eine unabhängige Meinung über die vorliegenden Themen bilden können. Bei Problemanalysen und bei der Abwägung von Chancen und Risiken können effektive Board-Mitglieder fundiert entscheiden, ob sie noch mehr Informationen benötigen, ob eine Arbeitsgruppe eingerichtet werden sollte oder ob das Thema einem bestehenden Ausschuss übergeben werden muss. Sie teilen dem Board auch alle neuen Informationen mit, die sie erfahren, bevor das Unternehmen in kritische Situationen gerät. Und um auf die Neugier und die »Einstellung des lebenslangen Lernens« zurückzukommen: Die besten Board-Mitglieder sind in vielen Bereichen sehr belesen. Wenn jemand beispielsweise nur Berichte und Nachrichten über Finanzthemen liest, entgeht ihm vielleicht etwas Wichtiges, das die Firma betreffen könnte, wie zum Beispiel demografische Daten oder andere Bedrohungen der Wettbewerbsfähigkeit.

6.3 Vorbereitung: Zeigen Sie sich immer in Bestform

»Ich spreche mit Boards, seit ich mit einem technischen Abschluss das College verlassen habe. Alle erzählen mir, dass sie mit den technischen Trends kaum Schritt halten können. Daraufhin versuche ich immer, ihnen zu erklären, dass ich es auch schaffe, die juristischen oder finanziellen Risiken zu beurteilen, obwohl ich weder Jura noch BWL studiert habe.«

Laurie Yoler

Auf dem Spielfeld ebenso wie im Sitzungszimmer bedeutet Leistung, dass jeder all diejenigen Fähigkeiten verstärkt, auf die die Mannschaftskollegen und das Team sich verlassen müssen. Im ersten Schritt müssen Sie die nötige Zeit investieren, so, wie ein Profifußballer jeden Tag Konditionstraining und Übungen absolvieren muss. Im zweiten Schritt müssen Sie Ihre Fähigkeiten laufend erweitern und verbessern. Jeder Mitarbeiter in der heutigen, rasch veränderlichen Unternehmenswelt weiß, wie schwer es ist, mit den exponentiell zunehmenden Verantwortungsbereichen zurechtzukommen, und für professionelle Führungskräfte ist das nicht anders. Meetings finden heute nicht mehr vierteljährlich statt, sondern oft sechs bis achtmal pro Jahr. Die Rollen und Aufgabenbereiche haben sich erweitert und umfassen mittlerweile auch die Kommunikation mit Mitarbeitern, Kunden und Investoren. Leute, die hier schlecht vorbereitet sind, können wenig Mitgefühl oder Vergebung erwarten.

Führungsgremien können zum Aufwärmen »selbst den kritischen Investor spielen« und sich fragen, wie viel sie über die wichtigsten Richtlinien in entscheidenden Bereichen wissen: Welche Verhaltensregeln gibt es für Interessenkonflikte, Wertpapierhandel, Schadensersatz und Entschädigungen, Nominierungen, Diversity, Whistleblowing und die Vergütung von Arbeitsleistungen?

Während sich die Themenkomplexe verschieben und komplexer werden, sei ganz genau zu unterscheiden, was in den Bereich Aufsicht/unabhängige Kontrolle falle, und was im Gegensatz dazu als Aufgabe des Managements/der Unternehmensleitung betrachtet werden müsse, riet Pamela Coles, Company Secretary bei Rolls Royce. »Unser Mitarbeiter-Champion stößt immer wieder auf Dinge, die eher die Unternehmensleitung betreffen, und diese übergibt sie dann an das Management.«

Sie fuhr fort: »Die KPI auf einem Dashboard müssen zur Strategie passen. Man kann darüber hinaus auch Scorecards betrachten, aber inzwischen bleiben die Dinge nicht stehen. Das Leben ist nicht so. Sie müssen sich ständig verwandeln und sich neu erfinden.«

> **Checkliste: Tipps aus der Lebenspraxis für die richtige Informationsbeschaffung**
>
> Corporate Director Laurie Yoler teilt hier ihre Tipps, wie sich Board-Mitglieder in der rasch veränderlichen Gegenwart auf dem Laufenden halten können:

- Holen Sie sich wöchentlich die neuesten Informationen über Technologie und andere Bereiche aus Nachrichtenquellen wie NACD (National Association of Corporate Directors) und *The Wall Street Journal*.
- Hören Sie sich Podcasts an.
- Sehen Sie sich Ted-Talks an.
- Besuchen Sie Universitätsvorlesungen oder andere öffentliche Vorträge über aktuelle Themen.
- Nehmen Sie auch an Konferenzen zu anderen Themen als Governance teil.
- Lesen Sie Bücher zu bestimmten Themen, beispielsweise *Bad Blood* von John Carreyrou, in dem er den Niedergang des Medizin-Start-ups Theranos beschreibt.
- Laden Sie externe Experten zu den Sitzungen ein und bitten Sie sie um Vorträge oder ihre Meinung.
- Und wenn Sie Zweifel haben, melden Sie sich und fragen Sie einfach nach.

Die Technologie kann hier hilfreich sein. Wenn einige Aufgaben online erledigt werden, kann dies die Transparenz, den Zugang, die Verantwortung und die Effizienz steigern. Denken Sie nur an den berüchtigten, zeitaufwendigen und dennoch auch sehr notwendigen D&O-Fragebogen (»Directors&Officers-Fragebogen zur Leistungsevaluierung). Selbst aus der Sicht gewissenhafter Board-Mitglieder – egal, ob unabhängig oder aus dem Management – schreit ein solcher, oft 30 oder gar 80 Seiten langer Papier-Fragebogen danach, aufgeschoben oder schlampig ausgefüllt zu werden.[14] Wenn Sie ein solches Formular jedoch online austeilen und wieder einreichen können, wobei immer gleiche Informationen (wie die Kontaktdaten) aus früheren Formularen übernommen werden, sparen Sie viel Zeit. Der Rücklauf erfolgt dann wahrscheinlich schneller und die Qualität der Antworten steigt.

Dies ist nur ein Beispiel dafür, wie die Technologie die Profis in den Führungsgremien bei ihren Bemühungen, ihrer

Verantwortung gerecht zu werden, unterstützt. Auch für eine bessere Zusammenarbeit implementieren Boards immer öfter Tools nach dem Vorbild juristischer Kanzleien, wie beispielsweise virtuelle Datenräume. Abstimmungen, juristische Dokumente, Umfragen und Fragebögen gehen bereits seit geraumer Zeit immer mehr in die digitale Richtung und auch Unterstützung für virtuelle Konferenzen gibt es bereits seit mehr als zehn Jahren.[15]

Firmen wie zum Beispiel das Gesundheitstechnik-Unternehmen Medtronic berichten, dass die Nutzung eines Board-Portals zu besserer Vorbereitung und mehr Zeit für die Zusammenarbeit der Mitglieder geführt hat. In der Heineken Pensions-Gruppe in Großbritannien gibt es eine ganze Reihe von Boards und Ausschüssen und sie nutzen ein solches Portal nicht nur zu Vorbereitung ihrer Sitzungen[16], sondern auch zur beruflichen Weiterentwicklung. Selbstverständlich stehen die Berichte bereits mehrere Tage vor den Quartalssitzungen zur Verfügung, ebenso wie die Papiere aus vorangegangenen Meetings. Und denken Sie auch an die Möglichkeiten neu hinzukommender Board-Mitglieder: Sie können den Kontext der Aufgaben, die Geschichte des Unternehmens sowie wichtige Probleme und Meilensteine vergangener Gremien auch unterwegs mit einem gesicherten Tablet oder Smartphone lesen. Denken Sie außerdem daran, welche vorausschauenden und wertvollen Beiträge diese mit so reichhaltigen und rechtzeitigen Informationen ausgestatteten Board-Mitglieder potenziell leisten können.

Letztendlich müssen digitale Tools jedoch mehr tun, als nur die bestehenden Prozesse zu beschleunigen. Sie müssen die Art von neuen Recherchen und Fragen ermöglichen, die Governance-Fachleute in ihrer Rolle als geschickte Fragensteller in Zukunft beherrschen müssen. Im Zuge dieser Evolution entwickeln sich die digitalen Tools heute zu digitalen Dashboards und ganzen Ökosystemen. Sie sollten sich Governance-Support als folgende Kombination vorstellen: Ein persönlicher Assistent wie Alexa oder Echo, plus ein einfach zu durchsuchendes Google Doc, plus Google selbst zum Echtzeit-Zugriff auf relevante

Archive, die durch maschinelles Lernen aktualisiert werden, und dazu noch die besten Social-Media-Plattformen. Mit einem kurzen Blick auf ein Smartphone, Tablet oder wer weiß, welches zukünftige Gerät, verschaffen sich Board-Mitglieder sofort nutz- und umsetzbare Informationen über Finanzberichte, Strategiepläne, Operationen, Risikomanagement und so weiter. In diesem Bereich sollte man die KI im Auge behalten, und zwar nicht nur im Hinblick auf ihre Auswirkungen auf die Wettbewerbslandschaft, sondern auch im Hinblick auf ihre Fähigkeit, frühzeitig personalisierte Informationen für die Entscheidungsfindung auf Board-Ebene zur Verfügung zu stellen.

Nelson Chan, der Vorsitzende des Boards von Adesto Technologies und Board-Mitglied bei Deckers Outdoor Corporation, beschreibt die Vorzüge – und die Notwendigkeit – dieses digitalen Werkzeugs der Zukunft: »Es wäre unglaublich hilfreich, wenn es einen Ort, eine Informationsquelle gäbe, die mich auf dem Laufenden halten würde – sie könnte auf den Industriezweig, auf die Rolle oder auch die Interessensgebiete zugeschnitten sein. Im Augenblick muss man sich die Informationen noch selbst aus vielen Quellen zusammensuchen.«[17]

Die aufregende Zukunft löst jedoch nicht die aktuellen Probleme. Um auf die Analogie zum Fußball zurückzukommen: Tools und Taktik sind nur der eine Teil der Unterstützung, die den Board-Mitgliedern hilft, in diesen herausfordernden Zeiten persönlich mehr Verantwortung zu übernehmen. Ebenso wichtig sind Teamarbeit und die zwischenmenschliche Dynamik.

In einem wahrhaft effizienten Führungsgremium vertrauen die Mitglieder einander so stark, dass sie auch problematische Informationen äußern können. Sie haben alle Zugriff auf dieselben umfassenden Datenspeicher, sodass sie bei ihren Diskussionen alle auf dem gleichen Stand sind. Und da Debatten die Norm sind, können sie gute Fragen stellen und offen für neue Methoden sein. Sie agieren nicht mehr nur als abnickende Bewahrer des Status quo.

Jenseits der Compliance-Checklisten, Statuten, Offenlegungsformulare und anderen Anforderungen an die Board-Mitglieder liegt die wahre treuhänderische Verantwortung in der Fähigkeit, auf die effizienteste und effektivste mögliche Art Wert für das Unternehmen zu schöpfen. Der Kern der persönlichen Verantwortung für die nächste Generation der Board-Mitglieder liegt daher darin, in Reaktion auf die Weiterentwicklungen des Umfelds das Beste aus dem Unternehmen und dem Board herauszuholen.

Die wichtigsten Erkenntnisse über persönliche Verantwortung

- **Investieren Sie die nötige Zeit.** Sie sind verpflichtet, die Richtlinien und Satzungen Ihres Gremiums zu kennen, ebenso wie die Gesetze und Regulierungen, die Ihren Industriezweig betreffen. Es liegt an Ihnen, sich zu informieren.

- **Compliance ist oberste Priorität.** Sorgen Sie durch Ihre Systeme dafür, dass sie in alle Prozesse, Kontrollen und Operationen der Unternehmensführung eingebettet ist.

- **Kommunizieren Sie.** Teilen Sie Ihren Kollegen im Board, in den Ausschüssen und im Management rechtzeitig alle Informationen mit, die Sie erhalten. Nutzen Sie dazu die Tools und technischen Mittel, die es auf dem Markt gibt, auf eine sichere und effiziente Weise. Und scheuen Sie sich nicht, ehrliche, deutliche Fragen zu stellen.

- **Stellen Sie die Interessen des Aufsichtsrats und des Unternehmens über Ihre Eigeninteressen.** Betrachten Sie Vertraulichkeit als unantastbar, sprechen Sie außerhalb des Sitzungszimmers nur mit einer Stimme und gehen Sie Interessenskonflikten unbedingt aus dem Weg.

Teil 2
Ein Rahmen für die moderne Governance

7 Verhaltensprofile: Eine Governance-Landkarte für das digitale Zeitalter

Im Gegensatz zu allen anderen Rollen in einem Unternehmen gibt es für die Governance, also die gute Unternehmensführung, kaum je eine klare Orientierung oder Landkarte. Für viele Positionen stehen umfangreiche Schulungen, Support und ausführliche schriftliche Dokumentationen über die Normen, Abläufe und Standards in den einzelnen Verantwortungsbereichen zur Verfügung. Von den Mitgliedern der Führungs- oder Kontrollgremien wird jedoch erwartet, dass sie bereits beim Eintritt ins Unternehmen vollständig vorbereitet sind und dass sie mit minimaler Anleitung mit den vielfältigen sensiblen, komplexen und herausfordernden Problemen zurechtkommen. Viele dieser Probleme dürfen sie außerhalb der vier Wände des Sitzungszimmers mit niemandem besprechen und schon gar nicht schriftlich festhalten. Aus diesem Grund sind ausführliche Handbücher zu den Abläufen, Schulungen oder auch dauerhafter operationaler Support für Führungskräfte der höchsten Ebene äußerst selten.

Von Führungsgremien wird immer häufiger erwartet, dass sie wie ein Hochleistungsteam funktionieren, aber sie treffen sich meist nur wenige Male im Jahr und lauschen dabei den Großteil der Zeit passiv diversen Präsentationen. Die Mitglieder werden zudem oft ausdrücklich gebeten, keine Nebengespräche im kleinen Kreis oder unter vier Augen zu führen oder gar Mitarbeiter direkt zu befragen. Die Wahrscheinlichkeit, dass eine Gruppe von Einzelpersonen unter diesen Umständen zu einem hochleistungsfähigen Team zusammenwächst, ist natürlich eher gering.

Die Technologie ist gleichzeitig Katalysator und Hintergrund für all die Veränderungen, die sich in der Unternehmensführung derzeit vollziehen. Die Mitglieder der Führungsgremien stehen unter hohem Druck, sich mit der Technik anzufreunden – nicht nur hinsichtlich der Tools, die sie verwenden, sondern auch hinsichtlich der Fähigkeit, potenzielle Risikobereiche für ihre

Organisationen zu erkennen und auch eifrig neue Gelegenheiten auszuspähen, die die Technologie eröffnet.

Selbst für Personen, die diese Rolle bereits seit Jahren ausfüllen, ist die Governance ein harter Job, in dem sie außerhalb des Sitzungszimmers kaum Unterstützung erfahren. Einige nutzen erfolgreich ihre Einbindung in Netzwerke unter gleichrangigen Kollegen: Sie knüpfen entweder selbst die erforderlichen Kontakte oder werden Mitglied in professionellen Verbänden, die absolute Vertraulichkeit zusichern. Viele bleiben jedoch auf sich allein gestellt und müssen alles selbst herausfinden. Es überrascht nicht, dass viele Mitglieder der Führungsgremien und Governance-Fachleute sich fragen: »Bin ich die einzige Person, die derartige Erfahrungen macht?« Die Antwort ist ein ganz klares, überzeugtes: »Nein!«

7.1 Vorschlag für eine Einteilung der Führungsgremien entsprechend ihrer Verhaltensweisen

Unsere Einteilung identifiziert vier unterschiedliche Verhaltensprofile (siehe Tabelle 7.1). Damit sollen Führungspersönlichkeiten in Governance-Rollen die charakteristischen Verhaltensweisen ihres Boards oder Aufsichtsrats erkennen und den Mitgliedern Wege aufzeigen, wie sie bewusst die Herangehensweise ihres Gremiums, also ihren Governance-Ansatz, umgestalten können. Die Verhaltensprofile beschreiben die vier Governance-Ansätze im digitalen Zeitalter: die hauptsächliche Fokussierung, gemeinsame Wesenszüge, die Vorgehensweise bei den Sitzungen und bei den Governance-Prozessen, den Einsatz technischer Tools, die Erwartungen an die Ergebnisse sowie wichtige Treiber für Veränderungen.

Wir leiten diese Profile aus einer Kombination von Quellen ab: Interviews mit Board-Mitgliedern, Forschungen über aktuelle Governance-Methoden und -Trends sowie Beobachtungen bei unserer direkten Arbeit mit Unternehmensführern. In den

	Gründer-Board	Struktur-Board	Katalysator-Board	Zukunfts-Board
Beschreibung und Fokussierung	· Erfüllt grundlegende Anforderungen und treibt Wachstum voran · Fokussierung: **Wachstum**	· Fungiert als »Aufpasser« · Fokussierung: **Governance und Aufsicht**	· Treibt Ergebnisse voran, weil ein Umschwung erzielt werden soll · Fokussierung: **Transformation**	· Dient als strategische Ressource für langfristige Leistung · Fokussierung: **Erbe**
Charakteristische Gemeinsamkeiten	· Klein (< 5 Mitglieder), wenige unabhängige Mitglieder · Informelle Prozesse	· Wächst langsam · Mehr unabhängige Mitglieder · Formalisierte Prozesse · Zuständige für Governance	· Mitglieder treiben Veränderungen an · CEO und Board-Vorsitz zwei verschiedene Personen · Fokussierung auf Ergebnisse treibt die Adoption neuer Prozesse voran	· Unabhängige Mitglieder · Nachfolge und Resilienz des Boards sind sehr wichtig · Innovative Board-Prozesse
Sitzungen und Prozesse	· Effizient, aber informell · Wenige Sitzungen und Ausschüsse · Minimale Dokumentation · Keine unterstützenden Mitarbeiter	· Sitzungen konzentrieren sich auf Reporting und Diskussionen über Ergebnisse · Ausführliche Board-Materialien · Prozesse sind besser definiert	· Diskussionen konzentrieren sich auf Anpassungen und positive Veränderungen · Mehr Weiterbildung der Mitglieder und mehr Engagement in Ausschüssen	· Mitglieder treiben die Tagesordnung voran · Sitzungen sind strategische Diskussionen · Mitglieder knüpfen weit gefasste Netzwerke unter Kollegen

Tab. 7.1: Governance im digitalen Zeitalter: Board-Verhaltensprofile

	Gründer-Board	Struktur-Board	Katalysator-Board	Zukunfts-Board
Technik und Tools	Technische Tools spielen bei der Arbeit keine wichtige Rolle; oft nur E-Mail und einfache Ablageorte für Dokumente	Beginnende Nutzung von Online-Tools zur Vorbereitung der Sitzungen und zur Automatisierung von Compliance-Anforderungen wie Online-Resolutionen und -Abstimmungen, Protokolle und Board-Evaluierungen	Online-Tools zur Vorbereitung der Sitzungen, Nachverfolgung des Fortschritts und zur Verstärkung der Kooperation unter den Mitgliedern – z.B. die Zusammenstellung der Tagesordnung, Peer-Evaluierungen, sicheres Messaging und Online-Schulungen für das Board	Zusätzlich zum Online-Management der Sitzungen und zu den Tools für Compliance und Kooperation fördern Zukunfts-Boards Echtzeit-Online-Content: Dashboards und Scorecards über Compliance, Risiken und die Effektivität des Boards
Ergebnisse	Board lässt sich von Management leiten, regt das Management aber auch an, neues Potenzial anzuzapfen und auszuschöpfen	Erkenntnis der Notwendigkeit, bessere Fragen zu stellen; die Antworten liefert aber weiterhin das Management	Erkenntnis der eigenen Rolle bei der Transformation des Unternehmens; Hunger nach besseren Daten, Analysen, Erkenntnissen und Weiterbildung	Erkenntnis der Rolle als strategischer Vorteil zur Schaffung langfristiger Werte; Mitglieder übernehmen die Rolle von Coaches für den CEO
Wichtigste Treiber für Veränderungen	Mit zunehmendem Wissen und mehr Erfahrung in der Governance verspüren die Mitglieder das Bedürfnis, stärkere Aufsicht auszuüben und formellere Governance-Methoden zu entwickeln	Mitglieder können Compliance zumindest grundlegend sicherstellen und suchen nach Wegen zu besserer Kooperation	Mitglieder fördern und pflegen strategische Beziehungen zum Managementteam; suchen aktiv nach besseren Erkenntnissen und beginnen, an ihre Hinterlassenschaft zu denken	Mitglieder erkennen ihre strategische Rolle; außerdem erkennen sie selbst, wenn es Zeit für ihre Ablösung wird, damit neue Perspektiven ins Gremium aufgenommen werden können

Tab. 7.1: (*Fortsetzung*)

Gesprächen mit Board-Mitgliedern stellten wir fest, dass die Verhaltensprofile entlang eines Spektrums auf der Grundlage der Erfordernisse und Umstände des Unternehmens stärker und schwächer werden. Die Gremien folgen meist nicht einem linearen Pfad von links nach rechts durch die vier Profile und manchmal nehmen sie während der Entwicklung einer bestimmten Situation Aspekte mehrerer Profile an. Einige Board-Mitglieder berichteten beispielsweise, dass ihr Gremium in Krisenzeiten vorübergehend ein völlig anderes Profil annimmt: Ein Gründer-Board könnte so plötzlich die Verhaltensweisen und Normen eines Struktur-Boards annehmen, wenn das Unternehmen von einem Skandal erschüttert wird, in den die oberste Führungsriege verstrickt ist. Oder die Mitglieder eines Katalysator-Boards neigen eher zum Profil des Zukunfts-Boards, wenn sie sich auf Drängen der Investoren stärker auf Innovationen, langfristige Wertschöpfung, die Nachfolgeregelung in der Führungsriege und Nachhaltigkeit konzentrieren.

Wir hoffen, dass viele Führungsgremien diesen Rahmen sowohl als Landkarte als auch als Werkzeug zur Vorhersage nützlich finden werden. Gleichzeitig sollen sie daraus erkennen, was ihr Board gerade erlebt und wie sie möglicherweise erwünschte Veränderungen herbeiführen können.

7.2 Das Gründer-Board

Gründer-Board: Beschreibung und Fokussierung

Gründer-Boards findet man meist in jüngeren Organisationen (weniger als zehn Jahre alt), hin und wieder aber auch in Organisationen, die schon sehr lange bestehen. Zwar entstehen viele Boards bereits im Augenblick der Geburt eines Unternehmens, aber nicht alle Organisationen müssen sofort bei Aufnahme ihrer Geschäftstätigkeit ein Board oder einen Aufsichtsrat besitzen.[1] Unabhängig vom Alter der Organisation sind die wichtigsten Kennzeichen eines Gründer-Boards die einfache Struktur und die Fokussierung auf Wachstum. Es hat oft noch keine starke Identität als unabhängiger, eigenständiger Teil der Unternehmensleitung entwickelt, sondern dient eher als verlängerter Arm des Topmanagements.

Wenn bereits Governance-Strukturen und -Prozesse existieren, wurden sie in der Regel nur eingerichtet, um externer Regulierung oder internem Druck zu entsprechen. In diesem Sinn ist Effizienz meist das Hauptziel bei den Board-Sitzungen. Für dieses Profil gibt es nur wenige formale Governance-Prozesse und es wird auch meist nicht streng auf grundlegende Sitzungsregeln geachtet, beispielsweise auf formale Abläufe beim Einbringen und Sekundieren von Anträgen, bei Abstimmungen oder der Annahme von Protokollen. Gründer-Boards haben selten viele Ausschüsse und noch seltener schriftliche Aufzeichnungen über die internen Abläufe, die sonst oft in Handbüchern dargelegt sind.

Dementsprechend liegt der Schwerpunkt der Sitzungen von Gründer-Boards in der Regel auf dem Wachstum und der Entwicklung der Organisation. Gründer-Boards gehen die Aufsicht über das Management-Team eher praktisch an. In manchen Fällen, beispielsweise in vielen Betrieben, die sich in Familienbesitz befinden, besteht das Führungsgremium hauptsächlich aus den leitenden Managern. Aus diesem Grund gelingt es ihnen auch manchmal nicht so leicht, die Governance-Rolle von der Management-Rolle zu trennen, sodass man ihnen den Vorwurf des Mikromanagements machen könnte.

> »Eines meiner Boards fällt in die Kategorie ›Gründer-Board‹. Dieses Profil ist grundlegend für alle Aktiengesellschaften, die sich vor allem auf Wachstum, betriebliche Effizienz und eine starke Wirkung konzentrieren. Wenn Sie im heutigen Kontext eine Aktiengesellschaft sind, dreht sich alles um Wachstum und darum, eine Wirkung zu erzielen. Das Board muss effizient sein – man hat nur wenige Sitzungen und man konzentriert sich auf Wachstum.«[2]
>
> *Colin Law Vorsitzender des Boards of Directors von Singapore Investment Development Corporation (SIDC)*

Charakteristische Gemeinsamkeiten von Gründer-Boards

Gründer-Boards bestehen typischerweise aus einer kleinen Gruppe von Insidern. Ob sie nun Manager des Unternehmens selbst oder sehr enge Partner oder Teilhaber sind – die Mitglieder haben mit hoher Wahrscheinlichkeit ein starkes Interesse am Erfolg des Unternehmens. Eine Mitgliederzahl von unter fünf ist normal und die meisten von ihnen gehören zur leitenden Führungsriege.[3] Für diesen Typ von Board ist die Diversität meist kein wichtiges Thema. Die Mitgliedschaft beschränkt sich stattdessen auf eine kleine Gruppe vertrauenswürdiger Insider, die einander so gut kennen, dass sie meist recht schnell Einigkeit erzielen. Für sie ist Konsens sogar oft das einzige akzeptable Entscheidungsprinzip: Jede starke abweichende Meinung beendet die Diskussion.

Bei der Risikoaufsicht nehmen Gründer-Boards eine eher passive Haltung ein. Da es meist nur wenige Ausschüsse und formelle Prozesse gibt, werden Risikobereiche oft nur besprochen, wenn ein tatsächlicher Anlass besteht – entweder, weil etwas vorgefallen ist (zum Beispiel ein Hackerangriff), oder aufgrund einer gesetzlichen Anforderung. Gründer-Boards suchen meist nicht aktiv nach möglichen Risikobereichen und auch nicht nach einer strategischen Methode, ihre Aufsichtsrolle auszuüben.

Sitzungen und Prozesse von Gründer-Boards

Gründer-Board legen sehr viel Wert auf Effizienz. Die Sitzungen werden kurz gehalten und der Fokus liegt auf der finanziellen Performance. Den Großteil der Zeit lauschen die Mitglieder den Berichten des Managements und stellen klärende Fragen, die sich auf das Wachstum beziehen.

»Ich sitze im Beirat eines Familienunternehmens, das noch im Besitz der Gründer ist, also in einem Gründer-Board. Für dieses Board wäre es völlig falsch, im Spektrum weiter nach rechts zu rücken. Die Geschäftsführerin, die das Unternehmen gründete und eine Mehrheit von mehr als 90 Prozent hält, wäre damit auch nicht einverstanden. Die Personen in ihrem Beirat haben sehr diverse und relevante

Hintergründe und sie ruft uns drei- bis viermal pro Jahr zusammen, stellt uns spezifische Fragen und präsentiert uns ihre Vorhaben. Während dieser effizienten, informellen Sitzungen sind wir oft sehr ›katalytisch‹ und stellen Fragen wie: ›Haben Sie auch an diesen Punkt gedacht?‹ Aber die Sitzungen laufen informell und effizient ab.«[4]

Jan Babiak, Mitglied des Boards of Directors von Walgreens Boots Alliance, Euromoney Institutional Investor und der Bank of Montreal

In Gründer-Boards kennt sich oft kein Mitglied speziell mit Governance aus. Die Pflichten eines Corporate Secretary (juristischen Vorstands) werden oft von einem anderen Manager aus der Führungsriege wahrgenommen, der an den Board-Sitzungen teilnimmt, beispielsweise vom CFO oder dem COO. Die Mitglieder diskutieren zwar über die relativen Vorteile verschiedener Strategieansätze und sollen sie von ihrem einzigartigen Standpunkt aus beurteilen, aber meist bespricht das Topmanagement die Möglichkeiten zuerst unter sich, bevor das Board seine Beiträge liefert. Anschließend wird das Board oft nur noch um die Zustimmung zum Plan und den damit verbundenen finanziellen Investitionen gebeten. Aufgrund dieser Dynamik wird den Board-Mitgliedern oft Mikromanagement oder die Abweichung von ihrer eigentlichen Aufgabe der Governance vorgeworfen, wenn sie von sich aus eine Diskussion über neue Ideen oder andersartige Strategieansätze anregen wollen.

Die Natur der Arbeit eines Gründer-Boards bringt es mit sich, dass die Tagesordnung oft kurz und das Material knapp ist. Alles dreht sich hauptsächlich um Finanzen und die Berichte des Managements. Oft gibt es ohnehin nur wenige formale Governance-Prozesse und auch wenige (oder gar keine) Ausschüsse, weil alle Funktionen – darunter Postenvergabe, Aufsicht über die Unternehmensführung, Aufsicht über die Finanzen und so weiter – vom Plenum, dem »Gemeinsamen Ausschuss«, wahrgenommen werden. Je nach Art der Organisation gibt es eventuell einen Rechnungsprüfungsausschuss, damit die Anforderung nach unabhängiger Finanzprüfung erfüllt ist, aber selbst diese Gruppe trifft sich dann nur einmal oder sehr wenige Male pro Jahr und konzentriert sich ganz darauf, dass ein unabhängiges Finanz-Audit stattfindet. Nur selten erhalten die Rechnungsprüfungsausschüsse von Gründer-Boards die Vollmacht, aktiv nach Risikobereichen für die Firma Ausschau zu halten oder Pläne zu ihrer Begrenzung zu machen.

Darüber hinaus nehmen Gründer-Boards bei der Risikoaufsicht eine eher passive Haltung ein. Am Sitzungstisch ergeben sich selten ausführliche Gespräche über Risikobereiche, es sei denn, eine Krise oder eine Bedrohung ist bereits sichtbar geworden. Und selbst dann bleibt das Board weiterhin oft eher passiv, weil es seine Rolle darin sieht, bei der Krisennavigation die Richtung des Managements zu unterstützen, statt eigenen Mitgliedern eine Führungsrolle bei der Krisenbewältigung zu übertragen.

Technik und Tools

Bei diesem Profil werden die Governance-Prozesse wahrscheinlich noch nicht sehr stark durch technische Hilfsmittel unterstützt und erweitert. Da in Gründer-Boards häufig nur die notwendigsten Governance-Strukturen und informellen Prozesse etabliert sind, betrachten sie die Technologie nicht als wichtiges Erfordernis. Ein Hindernis für ihren Einsatz liegt auch im Fehlen der entsprechenden Governance-Mitarbeiter, die die Implementierung der Tools überwachen und die darin enthaltenen Informationen auf dem neuesten Stand halten könnten. Gleichwohl könnte ein solches Board Videokonferenz- und E-Mail-Software sowie eine grundlegende Sammlung von Online-Finanzberichten nutzen, damit alle Mitglieder bei Bedarf auch dann bequem an Sitzungen teilnehmen können, wenn sie nicht vor Ort sind.

Ergebnisse von Gründer-Boards

Gründer-Boards lassen sich oft von der Unternehmensführung leiten – vor allem, weil ihre Mitglieder oft gleichzeitig dem Topmanagement angehören. Solange das Unternehmen wächst, handelt das Board in der Regel »nach Anweisung« und die Mitglieder weichen kaum je von der Meinung des Managements ab oder stellen sie gar infrage. Nur wenn das Wachstum stagniert oder es Anzeichen für andere Probleme gibt, schaltet sich das Board vielleicht aktiv ein und will die Strategie mitbestimmen. Dies ist jedoch oft sehr schwierig für das Management-Team, das solche praktischen Eingriffe nicht gern hinnimmt.

Die wichtigsten Treiber für Veränderungen

Wenn Board-Mitglieder mehr Wissen und Erfahrung in der Unternehmensführung gewinnen, erkennen sie langsam die Notwendigkeit formaler Governance-Methoden. In einigen Fällen ist ein Wechsel der Führungskräfte ein starker Auslöser, der das Board veranlasst, die eigene Aufsichtsfunktion stärker wahrzunehmen. Je weiter sich die Organisation entwickelt, desto stärker wächst im Board die Sorge um die Einhaltung der relevanten Gesetze, Regulierungen und Best Practices. Die Board-Mitglieder erkennen, dass mehr Kontrolle bessere Ergebnisse erbringen könnte – vor allem, weil die Ergebnisse von der Leistung des CEO abhängen und davon, dass die Board-Mitglieder ihn gut unterstützen und beraten (ohne ihm dabei auf die Zehen zu treten). Diese Sorge um die Compliance und der Wunsch nach stärkerer Beteiligung können dazu führen, dass das Board sein Verhaltensprofil ändert.

Gründer-Boards, die kurz vor einer Veränderung des Verhaltensprofils stehen, fragen sich beispielsweise:

Spiegelt die Zusammensetzung unseres Gremiums die Vielfalt der Fähigkeiten und Perspektiven wider, die wir zur Unterstützung unserer Wachstumsziele benötigen?

Haben wir geeignete Governance-Strukturen und -Prozesse, die dafür sorgen, dass die Unternehmensführung auch bei schnellem Wechsel der Personen ohne Beeinträchtigungen weiterläuft? Nehmen wir in puncto Risiko unsere Aufsichtspflicht adäquat wahr?

7.3 Das Struktur-Board

Struktur-Board: Beschreibung und Fokussierung

Die Aufsicht über die Geschäftstätigkeit ist einer der wichtigsten Verantwortungsbereiche jedes Boards, unabhängig von seinem Verhaltensprofil. Viele würden sogar sagen, es ist die wichtigste Funktion eines jeden Aufsichtsgremiums.[5] Das Struktur-Board erkennt man jedoch daran, dass es sich ausschließlich auf die Aufsicht konzentriert und fast alles andere daneben vernachlässigt. Struktur-Boards betrachten die Kontrolle der Führungsriege des Unternehmens als ihre primäre Aufgabe – und dabei vor allem die Kontrolle des CEO oder Vorstandsvorsitzenden.

Struktur-Boards konzentrieren sich vor allem auf die Einhaltung aller Rechtsvorschriften wie Gesetze, Regulierungen, Verordnungen und Präzedenzfälle und sie achten mit Argusaugen auf möglichen Missbrauch der Führungsmacht. Je nach Ursprungsland eines Unternehmens haben die Board-Mitglieder manchmal auch persönliche finanzielle Interessen – als Aktionäre oder Investoren. Und selbst wenn derartige persönliche Interessen nicht vorgesehen oder stark reguliert sind, wie es in vielen EU-Ländern der Fall ist[6], betrachten Aufsichtsräte es dennoch als ihre Aufgabe, die Interessen der Aktionäre und Investoren zu vertreten. Struktur-Boards legen bei neuen Kandidaten nicht selten großen Wert auf juristisches Fachwissen und/oder Erfahrung in Compliance. Typisch ist auch, dass sich die Rolle des Company Secretary – also des Leiters der Rechtsabteilung oder Rechtsvorstands – und/oder die Rolle des Anwalts des Unternehmens erweitert und er die Arbeit des Boards direkt begleitet: Er arbeitet mit an der Erstellung der Berichte und Dokumente für die Sitzungen, legt Themen fest, die das Board in die Tagesordnung aufnehmen sollte, und gibt dem Board Feedback sowie Nahrung für neue Gedanken über Compliance-Themen.

Charakteristische Gemeinsamkeiten von Struktur-Boards

Mit der zunehmenden Fokussierung auf die Aufsichtspflicht geht einher, dass mehr Wert auf formelle Governance-Prozesse gelegt wird. Struktur-Boards haben in der Regel bereits besser ausgefeilte Governance-Richtlinien, die über die grundlegenden Vorschriften hinausgehen und schriftlich in einem Handbuch oder einem anderen Regelwerk niedergelegt wurden. Dieses legt die Erwartungen, Abläufe und Protokolle fest, an die sich das Board halten soll. Auch haben Struktur-Boards meist einige feste Ausschüsse eingerichtet: Ein unabhängiger Rechnungsprüfungsausschuss übernimmt eine mächtigere und entscheidendere Rolle bei der Aufsicht über die Organisation, ein Nominierungs-/Governance-Ausschuss konzentriert sich darauf, bei Bedarf zukünftige Board-Mitglieder ausfindig zu machen, und ein Vergütungsausschuss kontrolliert die Leistungen und die Vergütung des Managements.

Zur Entwicklung formeller Governance-Prozesse gehört oft auch die Prüfung der bestehenden Vorschriften und Board-Richtlinien und daraufhin die Etablierung eines geregelten Ablaufs der Board-Sitzungen. Häufig streben Struktur-Boards auch die Einstellung zusätzlicher Mitarbeiter für den Governance-Bereich an. So fordern sie die Unternehmensleitung oft auf, einen Rechtsvorstand oder einen ähnlichen Experten für Governance zu benennen oder in die Firma zu holen, der dafür sorgt, dass die Durchführung der Board-Meetings den Regeln entspricht und alle Compliance-Anforderungen erfüllt werden.

Die Größe von Struktur-Boards variiert zwar, aber sie sind meist umfangreicher als Gründer-Boards und je nach dem

Land, in dem das Unternehmen seinen Hauptsitz hat, müssen sie auch mehr unabhängige, externe Mitglieder haben, die nicht gleichzeitig in der Unternehmensleitung tätig sind. Gründer-Boards legen noch Wert darauf, aus einer kleinen Gruppe von »Insidern« zu bestehen, doch Struktur-Boards erkennen langsam sowohl die Vorteile einer größeren Gruppe als auch die Vorteile unabhängiger Stimmen am Tisch. Der Ruf nach unabhängigen Mitgliedern ist bei Struktur-Boards häufig mit dem Versuch verknüpft, für mehr Compliance zu sorgen, Interessenskonflikte zu vermeiden und mehr Ausgleich und Kontrolle für das Topmanagement-Team zu schaffen.

Sitzungen und Prozesse von Struktur-Boards

Da Struktur-Boards der Compliance mit Regularien und rechtlichen Vorschriften so hohe Bedeutung beimessen, nehmen ihre Sitzungen meist mehr Zeit in Anspruch und ein Großteil dieser Zeit wird auf die Prüfung von Berichten, die Besprechung von Ergebnissen sowie die Prüfung aller damit verbundenen Risiken für das Unternehmen verwendet. Man erlebt oft, dass die Mitglieder dem Management detaillierte, (manchmal auch) pointierte Fragen stellen und beispielsweise genau wissen wollen, ob ein bestimmtes Programm oder eine Strategie alle regulatorischen und juristischen Anforderungen erfüllt und ob dabei unnötige Risiken eingegangen werden.

Das Struktur-Board legt großen Wert darauf, regelmäßig Anwälte und/oder andere Experten für Compliance an den Meetings zu beteiligen. Oft empfiehlt es sich, dass der CEO einen solchen Experten einstellen oder benennen soll, damit diese Aufgaben zuverlässig und rechtzeitig erledigt werden. Die betreffende Person kann ein Mitarbeiter des CEO oder der Rechtsabteilung sein, häufig wird aber auch ein Company Secretary eingestellt, also ein spezieller Rechtsvorstand, dessen Hauptaufgabe die Unterstützung des Aufsichtsrats ist.

Da Struktur-Boards die Governance-Aufgaben als so wichtig erachten, sind ihre Tagesordnungen meist umfangreicher als die von Gründer-Boards. Die Board-Mitglieder diskutieren wesentlich länger über Strategieansätze und haben dabei hauptsächlich deren Auswirkungen hinsichtlich der rechtlichen Vorschriften, der Compliance und der Risikominderung im Blick. Das soll nicht heißen, dass ihnen Wachstum oder Unternehmensleistung gleichgültig wären: im Gegenteil. Struktur-Boards betrachten ihre Aufsicht primär als Mittel zur Erzielung starker Ergebnisse. Es ist nicht ungewöhnlich, dass sie in ihren Plenums- und Ausschusssitzungen über die Vor- und Nachteile spezifischer Board-Richtlinien debattieren und dabei ganz genau auf die Wortwahl achten.

Die Rechnungsprüfungsausschüsse von Struktur-Boards spielen oft auch eine erweiterte Rolle bei der Aufsicht über und Abschwächung von Risiken: Sie wachen beispielsweise über die Einhaltung der neuesten Gesetze zu Datenschutz und Cybersicherheit und treffen sich ebenso oft (oder gar noch öfter) als das Plenum. Es überrascht nicht, dass sie die Risikoaufsicht aktiv angehen und hier unter anderem detaillierte Reaktionspläne aufstellen, in denen das Board auch eine praktische Rolle spielt.

Technik und Tools

Da Struktur-Boards ihre Fokussierung auf die Compliance verstärken, suchen sie meist im Zuge dessen nach besseren Tools und Ressourcen. Die Sitzungen und die damit zusammenhängenden Papiere werden länger, die Governance-Dokumentation umfangreicher, sodass das Board neue Wege der Organisation, der Suche und des Zugangs zu all diesen Informationen benötigt. Daher wird der zuständige Governance-Experte oder Rechtsvorstand häufig gebeten, Lösungen für einen bequemen, sicheren und geordneten Zugriff auf diesen wachsenden Berg an Dokumenten zu finden und einzurichten.

Darüber hinaus verspüren Struktur-Boards oft das Bedürfnis nach Tools, die sie bei der Ausführung bestimmter Compliance-Aufgaben unterstützen. Dazu gehören: die Sammlung der Formulare über Interessenskonflikte, der jährlich auszufüllenden Umfragen oder anderer erforderlicher Offenlegungen, die Selbstbeurteilungen, die Abstimmungen über Resolutionen sowie die Sammlung der Unterschriften der Board-Mitglieder unter neu genehmigte Richtlinien. Nicht selten suchen Struktur-Boards nach Software und anderen Ressourcen, die nicht nur einen Teil der Compliance-Aufgaben automatisieren, sondern auch als Audit-Trail dienen – zum Beweis, dass das Board die verschiedenen Anforderungen der Regularien und Gesetze erfüllt.

Ergebnisse von Struktur-Boards

Während sich Gründer-Boards häufig noch vom Management leiten lassen und nur abweichende Meinungen vertreten, wenn das Wachstum in Gefahr gerät, sehen Struktur-Boards ihre Rolle eher darin, Antworten vom Topmanagement einzufordern und sicherzustellen, dass die Organisation rechtlich und ethisch einwandfrei geführt wird. Sie haben erkannt, dass es ihre Aufgabe ist, mehr (und bessere) Fragen zu stellen, ja sogar forschend und misstrauisch zu sein. Dies gilt vor allem dann, wenn ein Board nach einer bedeutenden juristischen oder moralischen Krise Züge des strukturellen Verhaltensprofils annimmt.

Diese erhöhte Aufmerksamkeit trägt zwar sicherlich dazu bei, dass Organisationen Risiken besser umschiffen, aber dennoch liegt die Beweislast weiterhin voll auf den Schultern des Topmanagement-Teams. Die Board-Mitglieder fordern von dessen Mitarbeitern oft, mehrere alternative Vorgehensweisen für einen Problembereich auszuarbeiten, und sie bitten um klärende Informationen und mehr Einzelheiten, um ihrer Aufsichtspflicht gerecht zu werden. Im Ergebnis nimmt das Material, das die Board-Mitglieder prüfen müssen, stark zu, und ebenso steigt der Zeitaufwand zur Vorbereitung der Sitzungen sowohl für die Board-Mitglieder als auch für die leitende Führungsriege.

Die wichtigsten Treiber für Veränderungen

Durch die zunehmend formalisierten Prozesse und den hohen Zeitaufwand für die genaue Prüfung der Informationen kann bei den Board-Mitgliedern irgendwann das Gefühl entstehen, dass sie vor lauter Bäumen den Wald nicht mehr sehen: Vor lauter Einzelheiten übersehen sie dann vielleicht potenzielle Risiken oder auch Gelegenheiten, die eine Transformation antreiben könnten.

Am Ende sehen sich Struktur-Boards dann nach besseren Analysen. Sie fordern mehr Executive Summaries an, Zusammenfassungen der wichtigsten Erkenntnisse des Management-Teams als Einleitung zu den ausführlichen Berichten. Dies rührt zum Teil aus der Erkenntnis, dass eine ausschließliche Fokussierung auf Compliance und Aufsicht keine dynamischen Veränderungen anstößt – dass die Board-Mitglieder möglicherweise noch mehr tun können, um Wachstum und Wertschöpfung voranzutreiben. In einigen Fällen trifft das Aufkeimen dieses zunehmenden Wunsches, den Fokus von der Compliance auf die Transformation zu verschieben, mit dem Wiedererstarken eines Unternehmens nach einer juristischen oder ethischen Krise zusammen – oder damit, dass eine Organisation aufgrund technologischer Innovationen eine neue Gelegenheit identifiziert hat. Oft wirken auch Investoren auf Struktur-Boards ein, dass sie sich weniger auf reine Compliance-Themen und mehr auf strategische Entwicklung und Innovation konzentrieren sollten. In Verbindung mit dem eigenen, internen Wunsch, »mehr zu wissen und mehr zu unternehmen«, kann dieser Druck von außen zur Veränderung des Board-Profils führen.

> »Dieses Board [in dem ich sitze], das sich jetzt das Ziel gesetzt hat, eine Strategie auszumachen, begann als Struktur-Board – fokussiert auf Governance und Aufsicht. Dann hatten wir eine ›Nahtoderfahrung‹. Wir hatten einige Schachzüge der

Wettbewerber nicht vorhergesehen und unser Industriezweig hat eine lange Vorlaufzeit von zwei bis drei Jahren. Wir brauchten eine Geldspritze und alles drehte sich nur noch ums Überleben, daher hatten wir nicht den Luxus, uns auf die Governance konzentrieren zu können. Wir mussten zurück zu den Grundlagen und auf das Level des Gründer-Boards mit seiner Fokussierung auf Wachstum und Umschwung. Jetzt machen wir wieder Gewinne und das Board blickt erneut nach vorn und darüber hinaus. Das Profil muss sich nach der Aufgabe richten. Jeder weiß doch, wie man isst, Wasser trinkt und Sport treibt ... aber wenn Sie plötzlich auf einer einsamen Insel stranden, müssen Sie Ihr Verhalten ändern. Dann können Sie nicht einfach weitermachen wie bisher.«[7]

Nora Denzel, Vorsitzende des Boards of Directors von Advanced Micro Devices (AMD), Ericsson, und Talend SA

Sobald Boards das Gefühl haben, dass die Compliance gut im Griff ist, und sobald zusätzliche unabhängige/externe Mitglieder aufgenommen wurden, suchen sie nach Wegen für eine bessere Zusammenarbeit, um bessere Entscheidungen herbeizuführen. Die Mitglieder wünschen sich eine direktere Einbeziehung als Antriebskräfte für Transformationen – und das bringt sie dazu, ein neues Verhaltensprofil anzunehmen.

7.4 Das Katalysator-Board

Katalysator-Board: Beschreibung und Fokussierung

Es ist sicher zutreffend, dass die meisten Boards großen Wert auf das Vorantreiben des Wachstums (Fokus des Gründer-Boards) und auch auf gute Unternehmensführung (Hauptziel des Struktur-Boards) legen und gleichzeitig die Nachhaltigkeit ihrer Organisationen sicherstellen wollen. Doch Katalysator-Boards gehen noch weiter und sehen ihren wichtigsten Auftrag darin, die *Transformation der Organisation* voranzutreiben. Da sie Compliance und Aufsicht gut im Griff haben, interessieren sich die Mitglieder eines Katalysator-Boards nicht nur dafür, wie sie die Wertschöpfung ihrer Organisation beschleunigen können, sondern auch dafür, wie sie selbst besser zusammenarbeiten und ihre individuellen Fähigkeiten, Netzwerke und ihr Fachwissen kombinieren können, um die Geschäftsabwicklung des Unternehmens neu zu erfinden.

Katalysator-Boards gestalten ihre Beziehungen zum Management oft ganz anders als Struktur-Boards. Struktur-Boards sehen sich als Aufpasser, deren Aufgabe es ist, die Führungsriege des Unternehmens auf dem schmalen Pfad der Tugend zu halten. Katalysator-Boards neigen dagegen stärker dazu, dem Management zu helfen. Sie wollen in Kooperation mit der Unternehmensleitung neue Innovationen vorantreiben, Risiken eingehen und experimentieren – und zwar im Hinblick auf neues, stärkeres Wachstum. Board und Management sind sich zwar bewusst, dass die Aufsichtsrolle des Boards wichtig ist, aber alle Parteien arbeiten zusammen an einer kooperativen Beziehung. Die Führungsriege des Unternehmens verlässt sich zunehmend darauf, dass das Board Erkenntnisse und Anleitung hinsichtlich möglicher Wachstumsstrategien beisteuert, und sie sucht bei wichtigen neuen Initiativen die Zustimmung des Boards. Allen Beteiligten ist klar, dass die Wertschöpfung das primäre Ziel ist – ob durch Ausarbeitung neuer Strategien, Risikominderung oder Nutzung neuer Gelegenheiten. Alle anderen Themen nehmen auf der Tagesordnung des Boards untergeordnete Ränge ein.

»Wir alle wissen, dass Boards belastbare Rechenschaftsstrukturen brauchen – Compliance-Prozesse lassen sich immer verschärfen. Aber bei den wirklich großen Skandalen, über die öffentlich berichtet wird, übersehen wir die wahren Geschehnisse, wenn wir nur die Strukturen prüfen und nicht die Kultur. Wir müssen auf die Zusammenarbeit zwischen Board und Management achten – ob sie Vertrauen entwickeln und einander unterstützen –, sonst sehen wir nur die halbe Lösung.«

Susan Forrester

Charakteristische Gemeinsamkeiten von Katalysator-Boards

Im Katalysator-Board sind Angehörige des Managements und unabhängige Mitglieder meist gut gemischt, wobei die unabhängigen Mitglieder meist sogar in der Überzahl sind. Darüber hinaus wird auch der Vorsitz des Boards in der Regel vom Vorstandsvorsitz (CEO) getrennt.

Katalysator-Boards funktionieren besser im Team als Gründer- oder Struktur-Boards. Die Mitglieder von Gründer-Boards werden sehr gern aus einer kleinen Gruppe von Insidern ausgewählt, doch Katalysator-Boards sind stark an einer möglichst vielfältigen Erweiterung interessiert: Sie suchen Mitspieler, die derzeit noch fehlende Fähigkeiten und Perspektiven mitbringen. Dies gilt vor allem in Umwandlungsprozessen nach einer Krise: Die Aufnahme neuer Spieler ins Board wird als eine gute Strategie betrachtet, mit der man das öffentliche Vertrauen zurückgewinnt und die Veränderung vorantreibt. Diese Fokussierung führt oft dazu, dass das Board wächst und diverser wird, während die neuen, unabhängigen Mitglieder einzigartige Fähigkeiten, Netzwerke und Fachwissen ins Team einbringen. Katalysator-Boards betrachten Diversität als potenziellen Wachstumsmotor und daher als strategischen Vorteil.

Katalysator-Boards sind offen für Transformation als notwendigen Schritt in der Organisationsentwicklung. Sie streben danach, in der gesamten Organisation eine Einstellung zu festigen, die laufende Verbesserungen fördert. Boards, die vor Kurzem das Katalysatorprofil angenommen haben, führen nicht selten eine Änderung in der Führungsriege des Unternehmens herbei – vor allem, wenn die Organisation gerade eine Krise überwinden muss. Die Hoffnung lautet, dass die neuen Führungspersönlichkeiten zur Beschleunigung des Umwandlungsprozesses beitragen werden.

Sitzungen und Prozesse von Katalysator-Boards

Da sich Katalysator-Boards eher als Team betrachten, wirkt ihre Herangehensweise an Board-Sitzungen und andere Governance-Aufgaben manchmal ganz anders als die von Gründer- oder Struktur-Boards. Die Mitglieder stehen meist häufiger in Verbindung miteinander und ihr Fokus liegt hauptsächlich auf den Diskussionen. Katalysator-Boards interessieren sich weniger für lange Berichte mit ausführlichen Daten. Vielmehr lassen sie das Topmanagement Analysen, Vorschläge und potenzielle Einsichten ausarbeiten, die sie dann noch mit den nötigen Daten untermauern. Die Board-Mitglieder sehen ihre Aufgabe darin, das Management-Team dazu zu bringen, besonders vielversprechende Strategien mit hohen Wachstumschancen zu verfolgen und Ressourcen von Strategien abzuziehen, die wahrscheinlich kein Wachstum antreiben können.

Katalysator-Boards konzentrieren sich zudem stärker auf vermehrte Weiterbildung für ihre Mitglieder. Sie richten beispielsweise spontane Ausschüsse ein, die Recherchen durchführen, bestimmte Themen bearbeiten und dem Plenum Empfehlungen für strategische Investitionen vorlegen. Katalysator-Boards bitten oft um weitere Hintergrundinformationen zu bestimmten Themen, beispielsweise durch Briefings von den Abteilungsleitern, Artikel, Videos oder andere Informationsmaterialien von außerhalb des Unternehmens. Für diese Art der Informationsbeschaffung wird zumindest ein Teil der Zeit jedes Meetings verplant. Ziel ist es, Inspirationen für neue mögliche Wachstumspfade zu gewinnen.

Technik und Tools

Für Katalysator-Boards sind Technologie und Online-Tools oft bereits eine unverzichtbare Unterstützung für ihre hohen Leistungen. Die Mitglieder schätzen die sicheren Kanäle, über die sie einander vor, während und nach den Meetings kontaktieren können. Sie halten Ausschau nach Tools, mit deren Hilfe sie eigene

Recherchen durchführen, vergangene Entscheidungen und deren Ergebnisse überprüfen sowie potenzielle Risiken und Gelegenheiten identifizieren können. Ihr Hauptaugenmerk richtet sich auf bessere Kooperationsmöglichkeiten und den Aufbau von Fähigkeiten – beispielsweise Peer-Evaluierungen, sichere Nachrichten und Tools zur Online-Weiterbildung.

Ergebnisse von Katalysator-Boards

Katalysator-Boards sind sich ihrer Rolle beim Vorantreiben des Wachstums der Organisation bewusst. Genau aus diesem Grund sind sie hungrig nach besseren Daten, Analysen, Einsichten und Weiterbildung. Während der CEO die Verantwortung für die Unternehmensstrategie übernimmt, fühlt sich das Board für den Erfolg des CEO verantwortlich – und sie ziehen sich alle gemeinsam zur Rechenschaft für die Gewährleistung des Erfolgs der Organisation.

Aus diesem Grund haben die CEOs zu Katalysator-Boards eine ganz andere Beziehung als zu Gründer- oder Struktur-Boards. Der CEO und sein Team aus leitenden Führungskräften beginnen, sich darauf zu verlassen, dass ihnen das Board einzigartige Sichtweisen und Erkenntnisse liefert, und daher beteiligen sie das Board immer früher am Strategieentwicklungsprozess. Da Katalysator-Boards so stark auf Wachstum fokussiert sind, führen sie sehr häufig Organisationen, die ihre Wettbewerber überflügeln, vor allem die Wettbewerber mit Gründer- und Struktur-Boards.

Die wichtigsten Treiber für Veränderungen

Wenn die Board-Mitglieder ihre Fähigkeiten und Netzwerke immer besser kombinieren, um der Organisation ihr Wachstum zu ermöglichen, fordern sie damit immer wahrscheinlicher auch Risiken heraus. Manchmal zahlen sich diese Risiken durch rasante, exponentielle Wertschöpfung aus, aber manchmal liefern sie auch nur kurzfristige Gewinne und schaffen gleichzeitig langfristige

Probleme. Während die Board-Mitglieder immer mehr Erfahrung als Katalysatoren gewinnen, werden sie oft vorsichtiger. Teils in Reaktion auf den Druck von Investoren, teils aus innerem Antrieb heraus, sehnen sie sich immer stärker nach ganzheitlichen Strategien und nachhaltigen Ergebnissen. Sie suchen nach Ansätzen, die mehr liefern als nur Einnahmen, und sie schließen ökologische und soziale Faktoren sowie die gute Unternehmensführung in ihre Überlegungen ein. An diesem Punkt verringert sich auch oft die reine Experimentierfreudigkeit zugunsten eher konservativer Ansätze, die mehr Raum für feine Nuancen bieten.

Während sich die Katalysator-Boards also immer direkter für die Organisation engagieren, laufen sie manchmal Gefahr, die Grenzen der Governance zu überschreiten und sich zu sehr in die Aufgaben des Managements einzumischen. Wenn die Interventionen und die Beteiligung nicht gut gemanagt werden, erscheinen sie manchmal willkürlich: Sie sind eingeschränkt durch die Verfügbarkeit der Board-Mitglieder und gleichzeitig durch den Grad der Öffnung des Managements für das direkte Engagement des Boards im gesamten Unternehmen. Katalysator-Boards, die dieses schwierige und gefährliche Gleichgewicht gut wahren, können positive Ergebnisse erwarten – sowohl hinsichtlich der Unternehmensleistung als auch mit Blick auf die Stärkung einer Kultur gegenseitigen Vertrauens und hoher Transparenz zwischen Board und Management. Doch darin liegt definitiv auch ein Risiko, das irgendwann dazu führen kann, dass Katalysator-Boards einen neuen Ansatz suchen.

Das wichtigste ist aber, dass die Mitglieder sich tiefere strategische Beziehungen wünschen – mit dem Management-Team, mit Kollegen in analogen Industriezweigen und mit den Aktionären und Investoren. Immer stärker erkennen sie, wie viel Potenzial für langfristiges Wachstum und Nachhaltigkeit in der Etablierung offener und kontinuierlicher Gespräche zwischen diesen Gruppen liegt, bei denen das Board dann eine verantwortliche Rolle übernimmt – als Vermittler, Impulsgeber und Mediator. Diese Trends veranlassen Boards dazu, von der Förderung von Umschwung abzurücken und stattdessen zu einer ausgeglichenen Balance zu finden, bei der das Hauptaugenmerk auf der Schaffung eines langfristigen strategischen Werts liegt.

»In einem Start-up-Unternehmen wird das Board, in dem ich sitze, wie eine Erweiterung des Management-Teams benutzt. Sie versuchen, das Board an jedem Gespräch über Strategie zu beteiligen. In der Gründungsphase wird das Board oft sehr stark einbezogen und es ist sehr engagiert – aber es gibt (fast) keine Ausschüsse, keine Dokumentation, keine technischen Tools.

Eine Aktiengesellschaft könnte im Gegensatz dazu ein unglaublich effektives Board haben, dessen Mitglieder alle außergewöhnliche Manager und schon lange zusammen sind und sich selbst in jeder Hinsicht zu Höchstleistungen anspornen. Ein solches Board funktioniert wie eine gut geölte Maschine.«[8]

Laurie Yoler

7.5 Das Zukunfts-Board

Zukunfts-Board: Beschreibung und Fokussierung

Zukunftsweisende Boards betrachten sich selbst als Hüter der Organisationen, denen sie dienen. Sie schielen mit einem Auge auf ihre Hinterlassenschaft und legen ebenso viel Wert auf Nachhaltigkeit wie auf Wachstumsförderung. Das bedeutet aber keineswegs, dass Zukunfts-Boards gegen Innovationen sind – ganz im Gegenteil. Ihre Mitglieder treiben die Innovation voran, indem sie tragfähige, stützende Netzwerke aufbauen, strategische Investitionen tätigen und das Management-Team mit aktuellen und vorausschauenden Erkenntnissen versorgen. Sie erkennen den Wert gesunder, ethisch korrekter Methoden der Unternehmensführung als Strategie, die den langfristigen Erfolg des Unternehmens sicherstellt.

Die Mitglieder zukunftsweisender Boards glauben an den Aufbau starker, strategischer Beziehungen quer durch ihre Organisationen, innerhalb der Gemeinschaft der Investoren, quer durch Industriezweige und sogar innerhalb regulatorisch und gesetzlich einflussreicher Kreise. Ihr Ziel ist die Errichtung tragfähiger Brücken, die als Bollwerke gegen die Herausforderungen dienen sollen, denen sich die Organisation möglicherweise stellen muss. Gleichzeitig arbeiten sie durch den Einsatz von ethisch einwandfreien Governance-Methoden am Aufbau von Vertrauen und Goodwill. Die Board-Mitglieder treiben die Governance-Prozesse im Unternehmen an und spornen sich stets zu besser informierten, weiseren Entscheidungen an. Zukunfts-Boards betrachten sich selbst als immerwährende Studierende ihres Unternehmens. Sie wollen etwas aufbauen, das die Zeit überdauert, und sie achten dabei auch darauf, dass die Organisation insgesamt einen positiven Einfluss auf die Gesellschaft, die Umwelt und die Governance-Methoden im Allgemeinen hat.

Da zukunftsweisende Boards ihre Hinterlassenschaft, ihr Erbe im Auge haben, können sie sich auf ihr gegenseitiges Verantwortungsgefühl verlassen. Nicht selten sind die Mitglieder sehr selbstkritisch und bieten sogar ihr Ausscheiden an, wenn sie glauben, dass ihre Fähigkeiten, ihr Fachwissen und ihre Netzwerke dem Unternehmen auf seinem zukünftigen Weg nicht mehr nützlich sind.

Charakteristische Gemeinsamkeiten von Zukunfts-Boards

Bei diesem Board-Profil sind die meisten – wenn nicht gar alle – Mitglieder extern, unabhängig und nicht in der Unternehmensleitung beschäftigt. Die Positionen des Aufsichtsratsvorsitzenden und des CEO liegen fast immer in getrennten Händen. Häufig existieren hier auch schon spezifische Richtlinien für die Zusammensetzung des Boards, die Vielfalt betonen – vor allem, weil Mitglieder mit einzigartigen Perspektiven und Verbindungen das Ziel der Etablierung vielfältiger strategischer

Beziehungen quer durch verschiedenartige Netzwerke fördern und unterstützen.

Die Board-Mitglieder positionieren sich häufig als Coaches für das leitende Führungsteam. Sie wollen den Erfolg des Top-Teams unterstützen – aber sie haben dabei nicht oft das Gefühl, dass sie sich direkt an der Ausarbeitung der Pläne beteiligen sollten. Sie wollen die Pläne lieber durch ihre breiteren Perspektiven, ihre klaren, auf Erfahrung basierenden Einsichten und ihre etablierten Netzwerke verbessern und fördern.

Die Topmanagement-Teams, die mit zukunftsweisenden Boards zusammenarbeiten, betrachten ihr Aufsichtsgremium als strategischen Vorteil. Sie bringen dem dort versammelten Wissen, den Fachkenntnissen und Netzwerken großen Respekt entgegen. Zukunftsweisende Boards finden sich oft in der Lage wieder, dass das Führungsteam sie gern möglichst früh in die Diskussion über neue Ideen einbindet, weil es dem Board vertraut: Die Manager wissen, dass das Board wertvolle Einsichten beisteuern kann, ohne aus der vorgesehenen »Governance-Bahn« auszubrechen.

> »Derzeit beruht die Governance mehr oder weniger auf historischen Daten und die aktuellen Rahmenbedingungen richten den Blick nach hinten, während wir doch gerade jetzt stärker vorausschauend denken sollten. Boards müssen wissen, was sie nicht wissen, und das erfordert viel Mut. Board-Mitglieder müssen fragen können. Sie müssen ehrlich zugeben, wenn sie etwas nicht verstehen, denn sonst können sie ihre Aufsichts- und Informationspflicht nicht auf dem Niveau erfüllen, das heute erforderlich ist.«[9]
>
> *Dr. Anastassia Lauterbach*

Sitzungen und Prozesse von Zukunfts-Boards

Die Sitzungsdauer bei Zukunfts-Boards ist sehr unterschiedlich – manche dauern nur zwei, drei Stunden, andere dagegen wesentlich länger. Die Tagesordnung ist meist vollgestopft mit strategischen Diskussionen. Sie wird von den Board-Mitgliedern bestimmt. Diese führen zur Vorbereitung auf die Diskussionen oft in Eigeninitiative ausführliche Recherchen durch und bei Bedarf beschaffen sie sich auch vom Management noch klärende oder zusätzliche Daten.

Die Board-Mitglieder betrachten es als ihre Aufgabe, sich auf vielfältiger Ebene in der Organisation zu engagieren. Man trifft sie manchmal als »stille Beobachter« in einzelnen Meetings des leitenden Managements an. Dort nehmen sie still die Nuancen der Teambesprechung in sich auf, damit das Board in Zukunft informierte Entscheidungen treffen kann.

Zukunfts-Boards setzen sogar ihre Ausschüsse strategisch ein. Wie auch bei den anderen Board-Profilen sollen die Ausschüsse ein bestimmtes Thema in allen Einzelheiten ausarbeiten und anschließend vor dem Plenum Empfehlungen aussprechen. Doch Zukunfts-Boards gehen oft noch darüber hinaus und nutzen ihre Ausschüsse als Pipeline für zukünftige Mitglieder, indem sie Personen von außen oder herausragende Mitarbeiter aus dem Unternehmen zur Teilnahme einladen.

Technik und Tools

Bei diesem Board-Profil brauchen die Mitglieder unbedingt robuste Tools, mit denen sie ihre Rolle in der Governance organisieren, sichern und erleichtern können. Zukunfts-Boards nutzen oft Technologiesysteme, die den Mitgliedern Inhalte und Erkenntnisse liefern, die sie sich selbst zusammenstellen. Außerdem sollen sie die Möglichkeit der Visualisierung von Daten beinhalten, gutes Networking ermöglichen sowie hochwertige »Scorecards« für Gebiete wie Compliance, Risiko und die Effektivität des Boards bieten. Die Board-Mitglieder verlangen innovative Tools, die mit ihrer Methode der Governance Schritt halten können. Nicht selten etablieren diese Boards strategische Beziehungen zu Technologieanbietern, vor allem dann, wenn diese auch offen für einen Austausch mit den

Board-Mitgliedern sind und ihre Vorschläge und Bedürfnisse in zukünftige Angebote integrieren.

Ergebnisse von Zukunfts-Boards

Zukunfts-Boards haben verstanden, dass ihre Aufgabe darin besteht, der Organisation einen strategischen Vorteil zu verschaffen. Sie betrachten das Schicksal der Organisation als mit ihrer Arbeit verknüpft. Alles hängt davon ab, wie gut sie ihre Rolle als treusorgende Verwalter der Mission erfüllen und gleichzeitig die Organisation zur Innovation antreiben. Die Board-Mitglieder übernehmen die Rolle von »Chef-Coaches« und helfen den leitenden Managern, sich zu starken, fähigen Führungspersönlichkeiten zu entwickeln.

Aus diesem Grund werden Zukunfts-Boards oft in Artikeln beschrieben – meist in Zusammenhang mit einigen der erfolgreichsten Unternehmen, die ihr Wachstum über sehr lange Zeit hinweg aufrechterhalten konnten. Zudem entwickelten diese Unternehmen bei Herausforderungen immer wieder zukunftsweisende Tendenzen und hatten eine Reihe fähiger Führungskräfte an ihrer Spitze.

»Betrachten Sie beispielsweise ein Unternehmen wie IKEA: Dort war man so klug, den neuen Gig-Economy-Marktplatz TaskRabbit zu kaufen, über den sich Personen zusammenfinden können, die eine Aufgabe erledigen wollen. Das ist genau die Denkweise eines Zukunfts-Boards – eines Boards, das wirklich durchschaut, wie die Technologie die Geschäftstätigkeit verändern wird, und das versteht, dass sich im Einzelhandel inzwischen alles um ›Erfahrungen‹ dreht. Man kann nicht mehr erwarten, dass Einzelhandelsunternehmen einfach weitermachen können wie früher Sears oder Circuit City. Diese beiden Unternehmen waren einst sehr erfolgreich, sind heute aber tot. Das alte Einzelhandelsmodell ist nur noch ein ›Kadaver‹ am Straßenrand.«[10]

Betsy Atkins

Die wichtigsten Treiber für Veränderungen

Da den Zukunfts-Boards ihre langfristige Hinterlassenschaft sehr am Herzen liegt, erkennen die Mitglieder nicht selten selbst, wenn es Zeit ist, beiseitezutreten und Raum für neue Perspektiven zu lassen. Viele Zukunfts-Boards betrachten die Nachfolgeplanung gar als eine ihrer wichtigsten Aufgaben. Sie sehen sich verantwortlich dafür, dass Nachfolgepläne sowohl für die leitenden Manager als auch für Board-Mitglieder bereitliegen.

Der Wechsel von Mitgliedern geht in der Regel ohne große Turbulenzen vor sich, vor allem dann, wenn jeweils immer nur eine kleine Anzahl Mitglieder ausgetauscht werden. Im Fall eines raschen oder umfangreichen Austauschs der Mitglieder – etwa bei einer bedeutenden Umstrukturierung des Unternehmens während einer Fusion oder Übernahme – könnte es aber auch geschehen, dass das Board sein Profil plötzlich verändert, weil viele neue Mitglieder an Bord kommen, die ihren Platz wieder neu bestimmen müssen.

8 Verhaltensprofile in Aktion

8.1 Die einzelnen Profile und ihre Herangehensweise an die Best Practice

Das Board einer Baufirma beruft ein Mitglied aus dem Einzelhandel. Bei einem weltweit tätigen Motorenhersteller wird die Kommunikationsweise zwischen Board-Mitgliedern und Management radikal neu gestaltet. Ortsbesichtigungen werden zur Norm und Themen, die die Technologie oder die Cybersicherheit betreffen, erhalten einen festen Platz auf der Tagesordnung. Rund um den Globus sorgen Unternehmensführer dafür, dass sich das *Business as Usual* im Hinblick auf das digitale Zeitalter weiterentwickelt. Sie zeigen bestimmte Eigenschaften der Verhaltensprofile und verändern sie bei Bedarf – sei es bewusst oder unbewusst.

Wie kann Ihr Aufsichtsgremium anhand der Verhaltensprofile seine Leistung steigern – und zwar in allen Bereichen wie Wertschöpfung, Resilienz, Risikomanagement, Strategie, Ökologie, Nachhaltigkeit, ESG und persönliche Verantwortung? Hier ist Wissen bereits die halbe Miete. In den folgenden Abschnitten sehen Sie repräsentative Tendenzen für jedes Profil in jedem Bereich.

Wo steht Ihr Aufsichtsgremium zum aktuellen Zeitpunkt? Wohin sollte es sich möglicherweise bewegen – jetzt und in der Zukunft?

Wertschöpfung

- **Gründer-Board.** Wachstumsfokussiert, aber oft nur verlängerter Arm der Unternehmensleitung. Begrenzte Governance-Ressourcen und Erfahrung.
- **Struktur-Board.** Stellt Fragen und nutzt Online-Tools, aber sein Ansatz des »Aufpassers« und die strikte Fokussierung auf die Aufsichtspflicht ersticken möglicherweise die Wertschöpfung.

- **Katalysator-Board.** Unterstützt durch Innovationsausschüsse, Diskussionen mit vielfältigen Sichtweisen und fortlaufender Weiterbildung der Mitglieder. Sieht Wertschöpfung als Priorität, hat aber einen »Private-Equity-Ansatz«, der manchmal das Risikomanagement einschränkt.
- **Zukunfts-Board.** Bietet dem Management-Team vorausschauende Erkenntnisse und Einsichten an, konzentriert sich auf starke Netzwerke, strategische Investitionen und gute, ethische Governance-Methoden.

Resilienz

- **Gründer-Board.** Besteht oft aus einer kleinen Gruppe von Insidern. Der Mangel verschiedenartiger Perspektiven macht es manchmal verletzlich, wenn sich auf dem Markt unerwartete Verschiebungen ergeben.
- **Struktur-Board.** Sehr stark in juristischen und auf die Compliance bezogenen Fachthemen. Die Konzentration auf die Aufsichtspflicht fördert die Einführung von Prozessen, Tools und die Aufnahme unabhängiger Board-Mitglieder zur »Gewaltenteilung«.
- **Katalysator-Board.** Hat Mitglieder mit vielen verschiedenen Perspektiven und Fähigkeiten, ist ergebnisorientiert, strebt nach Evaluierungen, die über das Abhaken von Kästchen hinausgehen. Gespräche finden häufiger und ehrlicher statt und werden durch Recherchen und Tools unterstützt.
- **Zukunfts-Board.** Diversität ist sowohl Priorität als auch Richtlinie. Die Mitglieder erweitern ihre Talent-Pipelines, wenden Kompetenzmatrizen an, engagieren sich aktiv im Networking und für die eigene Weiterbildung.

Risikomanagement

- **Gründer-Board.** Reaktiv, lässt sich vom Management leiten, nutzt nur wenige Tools, hat kaum Dokumentation und Governance-Erfahrung.

- **Struktur-Board.** Fokussiert sich stark auf die Aufsicht (die manchmal andere Prioritäten überschattet). Die Sitzungstagesordnungen und auch die Reaktionspläne für Krisensituationen sind sehr detailliert.
- **Katalysator-Board.** Lässt sich aufgrund der starken Wachstumsförderung wahrscheinlicher auf Risiken ein. Die diversen Perspektiven, darunter die des CIO oder CISO, sowie der Einsatz externer Daten und Tools können aber absichernd wirken.
- **Zukunfts-Board.** Setzt seine starken strategischen Beziehungen (mit Investoren, dem Industriezweig und Regulatoren) als Bollwerk gegen Probleme ein.

Strategie/Just-in-Time-Erkenntnisse

- **Gründer-Board.** Ist oft sehr engagiert (vor allem bei Start-ups), hat aber meist wenige Prozesse und Strukturen und erkennt daher vielleicht seine potenziell bedeutende Rolle als strategischer Ratgeber noch nicht.
- **Struktur-Board.** Stärker gewöhnt, Dinge infrage zu stellen (allerdings oft nur mit Fokussierung auf die »Aufpasser«-Rolle). Sucht die Antworten meist noch beim Management.
- **Katalysator-Board.** Fungiert als Ratgeber, lenkt die Wachstumsstrategien (und überholt dabei oft die Konkurrenz), agiert als Partner des Managements und der Stakeholder und holt sich Erkenntnisse und Informationen von gleichrangigen Kollegen. Treibt so Innovationen, nimmt Risiken in Kauf und experimentiert gern.
- **Zukunfts-Board.** Treibt die strategische Tagesordnung als Coach und Berater voran. Der Fokus liegt auf Innovationen und Nachhaltigkeit sowie auf dem tiefgreifenden Verständnis der Art und Weise, wie die Technologie die Geschäftsmethoden verändern wird.

ESG

- **Gründer-Board.** Mit ESG-Themen befassen sich die Mitglieder, wenn sie das Wachstum oder die Effizienz betreffen oder wenn sie eine bestimmte Wirkung erzielen wollen.
- **Struktur-Board.** ESG-Aktivitäten werden von Anforderungen aus Vorschriften oder für Finanzberichte getrieben, ebenso wie der Einsatz von Tools für Compliance und »Audit Trails«.
- **Katalysator-Board.** Divers zusammengesetzte Boards erheben die ESG-Themen auf ein neues Niveau über den Einnahmen und der Compliance und integrieren sie auf ganzheitlichere Weise in die Strategie. Sie verfolgen die Themen, informieren die Mitglieder darüber und führen laufend Dialoge mit Mitarbeitern und allen Interessengruppen.
- **Zukunfts-Board.** Die Mitglieder betrachten ESG im Hinblick auf ihre Hinterlassenschaft. Sie konzentrieren sich auf eine insgesamt positive Wirkung auf die Gesellschaft, die Umwelt und die Governance.

Persönliche Verantwortung

- **Gründer-Board.** Die Mitglieder haben oft selbst etwas zu verlieren, aber die Tools und Ressourcen für ihre persönliche Weiterentwicklung zu Governance-Fachkräften oder zur Infragestellung des Managements sind begrenzt.
- **Struktur-Board.** Die Mitglieder erkennen ihre Aufgabe als »Chef-Fragensteller« und lassen sich stärker durch Richtlinien, Strukturen und Tools unterstützen – vor allem nach bedeutenden juristischen/ethischen Krisen. Oft versuchen sie, bessere Analysen zu erhalten und mehr zusammenzuarbeiten.
- **Katalysator-Board.** Mitglieder fungieren als Team. Sie nutzen eigene Informationsquellen, Analysen und Beziehungen innerhalb und außerhalb des Unternehmens.
- **Zukunfts-Board.** Da ihnen ihr Erbe wichtig ist, kultivieren sie Vertrauen, Ehrlichkeit und Rechenschaftspflicht. Sie erkennen die Notwendigkeit einer regelmäßigen Auffrischung des Boards und wissen, wann es Zeit ist, neuen Mitgliedern Platz zu machen.

8.2 Zum Abschluss ...

Die Unternehmensführung befindet sich mitten in einem Umbruch und wir können noch nicht abschätzen, wie die Geschichte enden wird. In den vorangegangenen Kapiteln haben wir versucht, Erkenntnisse von Mitgliedern der Führungsgremien – extern und intern –, von Forschern, aus Berichten und anderen Quellen zu sammeln, zusammenzufassen, zu erweitern und weiterzugeben. So möchten wir die globale Diskussion über Best Practices im Bereich Governance ausweiten. Aber was heute als Best Practice gilt, entwickelt sich ebenso schnell weiter wie neue Technologien, und was heute funktioniert, könnte in einer anderen Zeit, in einem anderen Kontext, vollkommen versagen.

Das Wichtigste in diesem durch hohe Volatilität, Unsicherheit, Komplexität und Mehrdeutigkeit geprägten Zeitalter ist der Aufbau von *Resilienz*. Für die Mitglieder der Führungsgremien bedeutet dies, dass sie laufend weiterlernen und sich anpassen müssen. Sie dürfen sich niemals mit dem Status quo zufriedengeben. Für die Organisationen bedeutet es, dass sie in den Gremien eine Kultur fördern müssen, die Anpassungsfähigkeit in der Unternehmensführung wertschätzt. Die Gremien müssen aktiv nach vielfältigen Perspektiven und Stimmen suchen und sie einbeziehen, damit sie bei ihren Entscheidungen eine möglichst weitblickende Position einnehmen können.

Board-Mitglieder, die ihre Wissbegier pflegen und sie auch ohne Rücksicht auf Verluste zu befriedigen suchen, werden in der besten Position sein und die erfolgreichsten Unternehmen führen. Personen mit wenig direktem technischen Fachwissen sollten am eifrigsten bemüht sein und am dringendsten nach mehr Wissen verlangen. Sie sollten die Aufnahme von technisch versierten Mitgliedern ins Gremium am meisten begrüßen. Im digitalen Zeitalter werden diejenigen Gremiumsmitglieder die »Gewinner« sein, die beständig ihr Fach und ihr Unternehmen studieren – die nach Erkenntnis streben und ihre Entscheidungen nicht einfach auf überkommene Annahmen stützen.

Trotz alledem ist uns deutlich bewusst, dass dieses Buch nur an der Oberfläche dessen kratzt, was es über gute Unternehmensführung im digitalen Zeitalter zu erfahren gibt, und dass es in den kommenden Monaten und Jahren sicher noch viel mehr zu sagen geben wird. Wir hoffen, dass Sie sich in diese Diskussionen einklinken werden und sich mit uns in Verbindung setzen: https://diligent.com/governance-in-the-digital-age.

Wir hoffen, dass wir Sie dazu anregen konnten, uns Ihre Geschichten mitzuteilen und so zukünftigen Kollegen eine Anleitung zu geben – ebenso wie die vielen internen und externen Board-Mitglieder, die ihre Erkenntnisse zu diesem Buch beigesteuert haben.

Dank

Dieses Buch war eine echte Team-Arbeit: Eine Vielzahl von Mitwirkenden leistete viele Hunderte von Arbeitsstunden, um es über die Ziellinie zu bringen. Wir möchten allen, die bei der Entwicklung dieses Buches eine Rolle spielten, unseren tiefen Dank aussprechen. Ganz besonders möchten wir all jenen unseren tief empfundenen Dank aussprechen, die in den Interviews ihre Erkenntnisse und ihr Fachwissen mit uns teilten: Betsy Atkins, Jan Babiak, Leslie Campbell, Nelson Chan, Priya Cherian Huskins, Pamela Coles, Nora Denzel, Sue Forrester, John Hinshaw, Erin Lantz, Anastassia Lauterbach, Richard Leblanc, Ralph Loura, Colin Low, Merline Saintil, Margaret Whelan und Laurie Yoler. Ihr Geist und Ihre Weisheit machen dieses Buch zu etwas Besonderem – herzlichen Dank dafür, dass Sie Ihre Geschichten so großzügig mit uns teilen.

Ebenso möchten wir uns ganz besonders bei den Mitgliedern des Diligent-Teams für ihre unschätzbare Hilfe bedanken: Warren Allen, Zach Boisi, Amanda Carty, Meghan Day, Tania Dworjan, Amanda Finney, Maggie Fisher, Kerie Kerstetter, Annie Kors, Natalie Lazo, Elyse Maloni, Nick Price und Leslie Tytka. Sie gaben Input für die Richtung des Buches, unterstützten uns bei den Interviews mit den Board-Mitgliedern, lasen und prüften Entwürfe, erledigten Recherchearbeiten, Lektorat, Grafiken, Zeitplanung und noch vieles mehr. Und wir hätten das Projekt auch niemals ohne das Team von Garfinkel and Associates geschafft, vor allem nicht ohne Steve Garfinkel, Jill Marquardt und Samantha Rosen–Ihre unermüdlichen Anstrengungen trugen wesentlich zur Verwirklichung dieses Buchprojekts bei.

Schließlich möchten wir noch all unseren Kollegen, Familienangehörigen und Freunden danken – für ihre unendliche und großzügige Unterstützung. Während der Fertigstellung dieses Buches mussten wir Einladungen ablehnen und andere Verpflichtungen hintanstellen und wir danken euch für euer Verständnis und eure Geduld. Wir hoffen, dass euch das Lesen Freude bereitet.

Die Autoren

Brian Stafford ist Chief Executive Officer von Diligent Corporation, dem führenden Anbieter von sicheren Kommunikations- und Kooperationsdiensten für Board-Mitglieder und die C-Suite führender Organisationen. Brian Stafford übernahm den Posten als CEO im März 2015 und verantwortet seither das Tagesgeschäft mit besonderem Schwerpunkt auf der Förderung des globalen Wachstums durch hervorragende Produkte, die die Kunden mehr als zufriedenstellen.

Davor war Brian Stafford Partner bei McKinsey & Company, wo er die »Growth Stage Tech Practice« gründete und leitete. Im Zuge dieser Arbeit konzentrierte er sich darauf, Technologieunternehmen in der Wachstumsphase bei einer schnelleren Skalierung zu unterstützen. Außerdem arbeitete er viel mit SaaS-Unternehmen (*Software as a Service*) und konzentrierte sich dabei auf die Sales Operations sowie Strategie, Preisgestaltung, internationales Wachstum und Teamaufbau. Vor seiner Tätigkeit bei McKinsey war Brian Gründer, Präsident und CEO eines Automobil-Spinoffs von Trilogy Software in Austin (Texas).

Brian hat einen Master-Abschluss in Informatik von der University of Chicago und einen Bachelor-Abschluss in Naturwissenschaften von der Wharton School an der University of Pennsylvania. Er ist Mitglied des Boards der Brooklyn Academy of Music (BAM).

Dottie Schindlinger ist Vice President of Thought Leadership und Governance Technology Evangelist bei der Diligent Corporation. In dieser Rolle übernimmt sie die Führungsrolle bei der Entwicklung neuer Ideen und Konzepte im Bereich Governance, Cybersicherheit und Technologie. Dazu hält sie jedes Jahr mehrere Dutzend Präsentationen vor Boards und leitenden Management-Teams bei Veranstaltungen rund um die Welt. Ihre Arbeit wurde in den Magazinen *Forbes*, *The Wall Street Journal* und in mehreren Publikationen über Governance und aus der Technikbranche vorgestellt.

Dottie Schindlinger hat in verschiedenen Rollen im Bereich der Governance mehr als 20 Jahre lang Erfahrungen gesammelt. Sie hat unter anderem als Board-Mitglied, leitende Angestellte, Ausschussvorsitzende, leitende Managerin, professionelle Board-Unterstützung, Governance-Beraterin und Trainerin für Aufsichtsgremien in öffentlichen, privaten und Non-Profit-Unternehmen gearbeitet. Sie war Mitgründerin des Technologie-Start-up-Unternehmens Board-Effect, eines Anbieters für Board Management Software für Non-Profit-Unternehmen sowie für Organisationen im Bildungs- und Gesundheitswesen, das Ende 2016 von Diligent übernommen wurde. Derzeit ist Dottie Schindlinger Mitglied im Board des Alice Paul Institute. Sie hat einen »Bachelor of Arts«-Abschluss im Fach Englisch von der University of Pennsylvania.

Anmerkungen

Einführung
1. Staff, Investopedia, »Moore's Law«, *Investopedia*, Investopedia, 8. Aug. 2018, https://www.investopedia.com/terms/m/mooreslaw.asp.
2. Laut dem Spencer Stuart U.S. Corporate Board Index von 2017, haben heute 80 Prozent der Verwaltungsräte in Unternehmen zwei oder mehr weibliche Mitglieder, obwohl Frauen nur 22 Prozent der Board-Sitze in den S&P-500-Unternehmen besetzen. Siehe: »A World of Insight«, Spencer Stuart, https://www.spencerstuart.com/research-and-insight/ssbi-2017-board-composition-part-3esearch-and-insight/ssbi-2017-board-composition-part-3.
3. Daten aus: »The Tipping Point – Women on Boards and Financial Performance«, MSCI, https://www.msci.com/www/research-paper/the-tipping-point-womenon/0538947986. Dort wird die Leistung von US-Unternehmen in dem Fünfjahreszeitraum von 2011 bis 2016 analysiert, mit dem Ergebnis, dass diejenigen, die zu Beginn des Zeitraums mindestens drei weibliche Board-Mitglieder hatten, am Ende 10 Prozentpunkte Steigerung ihrer Eigenkapitalrendite (ROE) verzeichneten und außerdem 37 Prozent Steigerung bei den Erträgen je Aktie (EPS). Demgegenüber erlebten Unternehmen ohne weibliche Board-Mitglieder in demselben Zeitraum eine Senkung von 1 Prozentpunkt des ROE und ein Verringerung der EPS um –8.
4. Equilar Blog: »Equilar | Pay for Performance Disconnect Cited as Main Shareholder Concern in Say on Pay Vote Failures«, https://www.equilar.com/blogs/212-boardswill-reach-gender-parity-in-2055.html.
5. Quellen: KPMG: home.kpmg.com/jm/en/home/insights/2017/03/age-diversity-within-boards-ofdirectors-of-the-s-p-500-companie.html; und Pricewaterhouse-Coopers: »Board Composition: Consider the Value of Younger Directors on Your Board«, PwC, https://www.pwc.com/YoungerDirectors.
6. »Bridging the Boardroom's Technology Gap«, Deloitte United States, https://www2.deloitte.com/insights/us/en/focus/cio-insider-business-insights/bridging-boardroom-technology-gap.html. Der Bericht zeigt, dass 31,3 Prozent der Unternehmen, deren Boards vor allem Mitglieder mit technischen Fachkenntnissen rekrutieren, in den letzten drei Jahren die Leistung des S&P-500-Index um 10 Prozent übertrafen.
7. Andy Kiersz: »Here's How Much You Would Have Made Investing $1,000 in Facebook, Amazon, Netflix and 19 Other Major Companies Back in the Day«, *Business Insider*, 15 Juli 2018, https://www.businessinsider.com/facebook-amazon-walmart-stock-prices-investment-performance-2018-7#a-1000-investment-in-facebook-after-its-may-18-2012-ipo-would-be-worth-over-5000-as-of-july-3-2018-1.

Kapitel 1
1. Auszug aus einem Telefoninterview mit Margaret Whelan, 24. Juli 2018.
2. »Expert Solutions: The Future of Digital Value Creation«, https://wolterskluwer.com/company/newsroom/news/2018/02/expert-solutions-the-future-of-digital-value-creation.html.

3 Holly J. Gregory: »Governing Through Disruption: A Boardroom Guide for 2018.« *Practical Law*, Thomson Reuters, 2017, https://www.sidley.com/-/media/publications/novdebnote_govcounselor.pdf.
4 »The Proxy Statement: 4 Best Practices for the 2018 Season«, *Boardroom Resources*, https://boardroomresources.com/insight/the-proxy-statement-4-best-practices-for-the-2018-season/.
5 »Portfolio Value Creation«, Bain Brief – Bain & Company, https://www.bain.com/consulting-services/private-equity/portfolio-value-creation.aspx.
6 Linda A. Hill and George Davis: »Boards: Innovation Is Your Responsibility Too«, *Harvard Business Review*, 24 November-Dezember 2017, https://hbr.org/2017/11/the-boards-new-innovation-imperative.
7 Ibid.
8 Auszug aus einem Telefoninterview mit Betsy Atkins, 21. Aug. 2018.
9 Tomas Pereira: »How Board Skills Vary by Director Age Groups«, *Grading Global Boards of Directors on Cybersecurity*, https://corpgov.law.harvard.edu/2018/04/04/how-board-skills-vary-by-director-age-groups/.
10 Auszug aus einem Telefoninterview mit Ralph Loura, 23. Juli 2018.
11 Katrina Lake: »Stitch Fix's CEO on Selling Personal Style to the Mass Market«, *Harvard Business Review*, Mai–Juni 2018, S. 36–40.
12 Auszug aus einem Telefoninterview mit Nelson Chan, 3. Aug. 2018.
13 »Comite Groupe de L'Innovation: Le Corporate Innovation Board Michelin«, *Pneus MICHELIN: plus De 200 Matériaux Pour Une Performance Totale |Michelin*, https://www.michelin.com/eng/innovation/innovation-strategy/organization-and-governance.
14 Auszug aus einem Telefoninterview mit Pamela Coles, 7. Aug. 2018.
15 Barrett J. Brunsman, »P&G Activist Investor Nelson Peltz to Sit on Key Board Committees«, Bizjournals.com, *The Business Journals*, 21 Feb. 2018, https://www.bizjournals.com/cincinnati/news/2018/02/21/p-g-activist-investor-nelson-peltz-to-sit-on-key.html.
16 Auszug aus einem Telefoninterview mit Laurie Yoler, 2. Aug. 2018.
17 Auszug aus einem Telefoninterview mit Anastassia Lauterbach, PhD, 15. Aug. 2018.
18 Chip Bergh: »The CEO of Levi Strauss on Leading an Iconic Brand Back to Growth«, *Harvard Business Review*, Juli–August 2018, S. 34–39.
19 Auszug aus einem Telefoninterview mit Laurie Yoler, 2. Aug. 2018.
20 Auszug aus einem Telefoninterview mit Margaret Whelan, 24. Juli 2018.

Kapitel 2

1 Ausschnitte aus Telefoninterview mit Betsy Atkins, 21. Aug. 2018.
2 Ausschnitt aus Telefoninterview mit Margaret Whelan, 24. Juli 2018.
3 Ausschnitt aus Telefoninterview mit Laurie Yoler, 2. Aug. 2018.
4 Ausschnitte aus Telefoninterview mit Betsy Atkins, 21. Aug. 2018.
5 Ausschnitt aus Telefoninterview mit Laurie Yoler, 2. Aug. 2018.
6 *Global and Regional Trends in Corporate Governance for 2018*, Russell Reynolds, 2018, http://www.russellreynolds.com/en/Insights/thought-leadership/Documents/RRA%20-%20Global%20and%20Regional%20Trends %20in%20Corporate%20Governance%20for%202018.pdf.
7 »Back to Basics: Why the Board Evaluation Is a Critical Building Block«, *Boardroom Resources*, https://boardroomresources.com/insight/board-evaluation-critical-building-block/.

Anmerkungen

8 Ausschnitte aus Telefoninterview mit Betsy Atkins, 21. Aug. 2018.
9 Ausschnitt aus Telefoninterview mit Merline Saintil, 3. Aug. 2018.
10 David F. Larcker and Brian Tayan: »How Netflix Redesigned Board Meetings«, *Harvard Business Review*, 8 May 2018, https://hbr.org/2018/05/how-netflix-redesigned-board-meetings.
11 Ausschnitt aus Telefoninterview mit Margaret Whelan, 24. Juli 2018.
12 Ausschnitt aus Telefoninterview mit Nora Denzel, 6. Sept. 2018.
13 Ausschnitt aus Telefoninterview mit Margaret Whelan, 24. Juli 2018.
14 Ausschnitte aus Telefoninterview mit Erin Lantz, 9. Aug. 2018.
15 *Global and Regional Trends in Corporate Governance for 2018*, Russell Reynolds, 2018, http://www.russellreynolds.com/en/Insights/thought-leadership/Documents/RRA%20-%20Global%20and%20Regional%20Trends%20in%20Corporate%20Governance%20for%202018.pdf.
16 Ausschnitt aus Telefoninterview mit Margaret Whelan, 24. Juli 2018.
17 *2017–2018 NACD Public Company Governance Survey*, National Association of Corporate Directors, 2018, https://www.nacdonline.org/files/2017%E2%80%932018%20NACD%20Public%20Company%20Governance%20Survey%20Executive%20Summary.pdf.
18 Ausschnitt aus Telefoninterview mit Anastassia Lauterbach, PhD, 15. Aug. 2018.
19 Ausschnitt aus Telefoninterview mit Margaret Whelan, 24. Juli 2018.
20 Ibid.
21 Stefanie K. Johnson: »What Amazon's Board Was Getting Wrong About Diversity and Hiring«, *Harvard Business Review*, 14. Mai 2018, https://hbr.org/2018/05/what-amazons-board-is-getting-wrong-about-diversity-and-hiring?autocomplete=true.
22 Ausschnitte aus Telefoninterview mit Betsy Atkins, 21. Aug. 2018.
23 Ibid.
24 Ausschnitt aus Telefoninterview mit Laurie Yoler, 2. Aug. 2018.

Kapitel 3

1 »After Steve Wynn Sexual Harassment Scandal, NYC Pension Funds Join Lawsuit Against Wynn Resorts' Board of Directors«, Office of the New York City Comptroller Scott M. Stringer, 26. März 2018, https://comptroller.nyc.gov/newsroom/press-releases/after-steve-wynn-sexual-harassment-scandal-nyc-pension-funds-join-lawsuit-against-wynn-resorts-board-of-directors/.
2 Craig Calle: »Correcting Wall Street's Cyber Blind Spot«, CFO, 25. Juni 2018, http://ww2.cfo.com/technology/2018/06/correcting-wall-streets-cyber-blind-spot/.
3 Laurie Segall und Jethro Mullen: »Uber CEO Travis Kalanick Resigns after Months of Crisis«. CNNMoney, Cable News Network, 21. Juni 2017, https://money.cnn.com/2017/06/21/technology/uber-travis-kalanick-resignation/.
4 Jackie Wattles: »Ousted Uber CEO Travis Kalanick Shakes up Board of Directors«, CNNMoney, Cable News Network, 30. Sept. 2017, https://money.cnn.com/2017/09/30/technology/business/uber-board-travis-kalanick/.
5 Auszug aus einem Telefoninterview mit Margaret Whelan, 24. Juli 2018.
6 Auszug aus einem Telefoninterview mit Laurie Yoler, 2. Aug. 2018.
7 Auszug aus einem Telefoninterview mit Ralph Loura, 23. Juli 2018.
8 Ibid.
9 Auszug aus einem Telefoninterview mit Merline Saintil, 3. Aug. 2018.

10 Christian Casal und Christian Caspar: »Building a Forward-Looking Board«, McKinsey & Company, Feb. 2014, https://www.mckinsey.com/business-functions/strategy-and-corporate-finance/our-insights/building-a-forward-looking-board.
11 Auszug aus einem Telefoninterview mit Nelson Chan, 3. Aug. 2018.
12 Auszug aus einem Telefoninterview mit Ralph Loura, 23. July 2018.
13 Auszug aus einem Telefoninterview mit Merline Saintil, 3. Aug. 2018.
14 Auszug aus einem Telefoninterview mit Ralph Loura, 23. Juli 2018.
15 Hugo Nanninga, Grant Clayton, Francisco Sagredo, Diederik Amery: »Time for Audit Committees to Step Up«, Executive Recruitment & Global Management Consulting, Egon Zehnder, 9. Juli 2017, https://www.egonzehnder.com/functions/financial-officers/insights/time-for-audit-committees-to-step-up.
16 Auszug aus einem Telefoninterview mit Laurie Yoler, 2. Aug. 2018.
17 Inhalt eines Telefoninterviews mit Ralph Loura, 23. Juli 2018.
18 Steve Morgan, ed.: »2017 Cybercrime Report: Cybercrime Damages Will Cost the World $6 Trillion Annually by 2021«, Cybersecurity Ventures, 2017, https://cybersecurityventures.com/2015-wp/wp-content/uploads/2017/10/2017-Cybercrime-Report.pdf.
19 Avi Gesser und Zachary B. Shapiro: »More Companies Doing ›Tabletop‹ Exercises to Test Crisis Management«, Cyber Blog, Davis Polk, 5. Juni 2018, https://www.dpwcyberblog.com/2018/06/more-companies-doing-tabletop-exercises-to-test-crisis-management/.
20 Auszug aus einem Telefoninterview mit Ralph Loura, 23. Juli 2018.
21 Ibid.
22 Auszug aus einem Telefoninterview mit Nelson Chan, 3. Aug. 2018.
23 Ibid.
24 Auszug aus einem Telefoninterview mit Ralph Loura, 23. Juli 2018.
25 Steve Long: »The Cyber Attack – From the POV of the CEO«, Hancock Regional Hospital, 19. Jan. 2018, https://www.hancockregionalhospital.org/2018/01/cyber-attack-pov-ceo/.
26 Auszug aus einem Telefoninterview mit Nelson Chan, 3. Aug. 2018.

Kapitel 4

1 Auszug aus einem Telefoninterview mit Merline Saintil, 3. Aug. 2018.
2 »What Corporate Boards Should Know About Blockchain«, *Boardroom Resources: Inside America's Boardrooms*, 2017, https://boardroomresources.com/episode/what-corporate-boards-should-know-about-blockchain.
3 »Strategy«, *Merriam-Webster*, https://www.merriam-webster.com/dictionary/strategy.
4 Auszug aus einem Telefoninterview mit Betsy Atkins, 21. Aug. 2018.
5 Ulrich Pidun, Marc Rodt, Alexander Roos, Sebastian Stange und James Tucker: »The Art of Risk Management: CFO Excellence Series«, *CFO Excellence Series*, BCG, 30. Apr. 2017, https://www.bcg.com/publications/2017/finance-function-excellence-corporate-development-art-risk-management.aspx.
6 Christian Casal und Christian Caspar: »Building a Forward-Looking Board«, McKinsey & Company, Feb. 2014, https://www.mckinsey.com/business-functions/strategy-and-corporate-finance/our-insights/building-a-forward-looking-board.
7 Ibid.
8 »Directors From Time Warner, Johnson & Johnson, Wendy's to Headline 2018 Boardroom Summit in New York«, Chief Executive, 14. Feb. 2018, https://chiefexecutive.net/directors-time-warner-johnson-johnson-wendys-headline-2018-boardroom-summit-new-york/.

Anmerkungen

9 »What Directors Think 2018«, Spencer Stuart & Corporate Board Member, Apr. 2018, https://www.spencerstuart.com/research-and-insight/what-directors-think-2018.
10 Auszug aus einem Telefoninterview mit John Hinshaw, 13. Aug. 2018.
11 Auszug aus einem Telefoninterview mit Anastassia Lauterbach, PhD, 15. Aug. 2018.
12 Auszug aus einem Telefoninterview mit Merline Saintil, 3. Aug. 2018.
13 Larry Clinton: »Cyber-Risk Oversight: Director's Handbook Series«, National Association of Corporate Directors, and Internet Security Alliance, 2014, https://nacdonline.org/files/NACD%20Cyber-Risk%20Oversight%20Executive%20Summary.pdf.
14 Auszug aus einem Telefoninterview mit Pamela Coles, 7. Aug. 2018.
15 Auszug aus einem Telefoninterview mit Betsy Atkins, 21. Aug. 2018.
16 »New Morningstar Competitive Intelligence Tool - Investor Pulse - Allows Asset Managers to Better Assess the Flows Landscape«, Cision PR Newswire, 22. Mai 2018, https://www.prnewswire.com/news-releases/new-morningstar-competitive-intelligence-toolinvestor-pulseallows-asset-managers-to-better-assess-the-flows-landscape-300652221.html.
17 Bruce Harpham: »9 Ways to Get More Value from Business Intelligence in 2018«, *CIO*, 25. Juni 2018, https://www.cio.com/article/3254646/business-intelligence/9-ways-to-get-more-value-from-business-intelligence.html.
18 Holly J. Gregory: »Governing Through Disruption: A Boardroom Guide for 2018«, Practical Law, Thomson Reuters, 2017, https://www.sidley.com/-/media/publications/novdebnote_govcounselor.pdf.
19 Auszug aus einem Telefoninterview mit Nelson Chan, 3. Aug. 2018.
20 Auszug aus einem Telefoninterview mit Anastassia Lauterbach, PhD, 15. Aug. 2018.
21 Andrew R. Chow: »Tracking MoviePass's Bumpy History as Turmoil Continues«, *New York Times*, 31. Juli 2018, https://www.nytimes.com/2018/07/31/movies/moviepass-timeline.html.
22 Ibid.
23 David R. Beatty: »How Activist Investors Are Transforming the Role of Public-Company Boards«, McKinsey & Company, Jan. 2017, https://www.mckinsey.com/business-functions/strategy-and-corporate-finance/our-insights/how-activist-investors-are-transforming-the-role-of-public-company-boards.
24 Ethan A. Klingsberg und Elizabeth K. Bieber: »How to Avoid Bungling Off-Cycle Engagements With Stockholders«, Cleary M&A and Corporate Governance Watch, Cleary Gottlieb, 17. Mai 2018, https://www.clearymawatch.com/2018/05/avoid-bungling-off-cycle-engagements-stockholders/.
25 David Larcker und Brian Tayan: »How Netflix Redesigned Board Meetings«, *Harvard Business Review*, 8. Mai 2018, https://hbr.org/2018/05/how-netflix-redesigned-board-meetings.
26 Casal und Caspar: »Building a Forward-Looking Board«.
27 Auszug aus einem Telefoninterview mit Ralph Loura, 23. Juli 2018.
28 Auszug aus einem Telefoninterview mit Jan Babiak, 16. Aug. 2018.
29 Auszug aus einem Telefoninterview mit Laurie Yoler, 2. Aug. 2018.

Kapitel 5

1 Auszug aus einem Telefoninterview mit Nora Denzel, 6. Sept. 2018.
2 »Arjuna Capital & As You Sow Statement on ExxonMobil Silencing of Shareholder Resolution on Carbon Asset Transition«, Arjuna Capital, 2. Apr. 2018, http://arjuna-capital.com/news/arjuna-capital-as-you-sow-statement-on-exxonmobil-silencing-of-shareholder-resolution-on-carbon-asset-transition/.

Anmerkungen

3 Michael Slezak: »Rio Tinto Won't Allow UK Investors to Vote on Mineral Council Issue«. *The Guardian*, 9. März 2018, https://www.theguardian.com/business/2018/mar/09/rio-tinto-wont-allow-uk-investors-to-vote-on-mineral-council-issue.
4 Auszug aus einem Telefoninterview mit Nora Denzel, 6. Sept. 2018.
5 Matt Orsagh: »ESG: The Risks and Opportunities«, *Ethical Boardroom*, 12. Feb. 2017, https://ethicalboardroom.com/esg-the-risks-and-opportunities/.
6 Thomas Franck: »Social and Sustainable Investing Gets a Boost from an Unlikely Source: Wall Street Activists«, CNBC, 27. Apr. 2018, https://www.cnbc.com/2018/04/27/social-investing-gets-a-boost-from-an-unlikely-source-activists.html.
7 »J.P. Morgan Collaborates with BlackRock to Launch New ESG Suite of Indices: The J.P. Morgan ESG Index (JESG)«, J.P. Morgan, 18. Apr. 2018, https://www.jpmorgan.com/country/GB/en/detail/1320566638713.
8 Melissa Karsh und Emily Chasan: »BlackRock, Wells Fargo Are Said to Push ESG Funds in 401(k)s«, Law.com, *Daily Business Review*, 13. Juni 2018, https://www.law.com/dailybusinessreview/2018/06/13/blackrock-wells-fargo-are-said-to-push-esg-funds-i/?slreturn=20180528121355.
9 Larry Fink: »Larry Fink's Annual Letter to CEOs: A Sense of Purpose«, BlackRock, Jan. 2018, https://www.blackrock.com/corporate/investor-relations/larry-fink-ceo-letter.
10 »ESG Investing and How Vanguard's 2 New ETFs Can Help«, Fund News, Vanguard, 27. Juni 2018, https://investornews.vanguard/esg-investing-and-how-vanguards-2-new-etfs-can-help/.
11 Auszug aus einem Telefoninterview mit Nora Denzel, 6. Sept. 2018.
12 »State Street Enhances ESG Products with New Data and Analytics Offerings«, Newsroom, State Street Global Advisors, 15. Nov. 2017, http://newsroom.statestreet.com/press-release/corporate/state-street-enhances-esg-products-new-data-and-analytics-offerings.
13 Randi Morrison: »Online Resource Platform on Climate Disclosure Framework Launched«, Society for Corporate Governance, 3. Mai 2018, https://connect.societycorpgov.org/blogs/randi-morrison/2018/05/03/online-resource-platform-on-climate-disclosure-fra.
14 »Three Ways to Improve Your Board's ESG Reporting«, Boardroom Resources, 2018, https://boardroomresources.com/insight/three-ways-improve-boards-esg-reporting/.
15 Auszug aus einem Telefoninterview mit Nora Denzel, 6. Sept. 2018.
16 Auszug aus einem Telefoninterview mit Pamela Coles, 7. Aug. 2018.
17 »Letter to Starbucks Shareholders«, Trillium Asset Management, 5. März 2018, http://www.iccr.org/sites/default/files/page_attachments/2018_starbucks_memo_-_proposal_7.pdf.
18 »2018 Walmart Shareholders Meeting«, Making Change at Walmart, 2018, http://changewalmart.org/whatiswalmarthiding/.
19 Craig McCrohon: »How to Hide in a Fish Bowl: Street-Smart Guide to Private Company Investor Disclosure«, Burke, Warren, MacKay & Serritella, P.C., 12. Dez. 2012, http://www.burkelaw.com/pressroom-publications-Guide-to-Private-Company-Investor-Disclosure.html.
20 »AXA Stakeholder Advisory Panel«, Profile and Key Figures, AXA, 2014, https://group.axa.com/en/about-us/stakeholder-advisory-panel
21 »IESO Board Appoints New Stakeholder Advisory Committee and Technical Panel Members«, IESO, 14. Dez. 2017, http://www.ieso.ca/en/sector-participants/ieso-

Anmerkungen

news/2017/12/ieso-board-appoints-new-stakeholder-advisory-committee-and-technical-panel-members.

22 »The Essential Role of the Corporate Secretary to Enhance Board Sustainability Oversight: A Best Practices Guide«, The United Nations Global Compact, Sept. 2016, https://corostrandberg.com/wp-content/uploads/2016/11/corporate-secretaries-guide-board-sustainability-governance.pdf.

23 Scott Berinato, Gretchen Gavett und James Wheaton: »The Cost of Taking a Stand«, *Harvard Business Review*, 23. März 2018, https://hbr.org/2018/03/the-cost-of-taking-a-stand.

24 Susan McPherson: »8 Corporate Social Responsibility (CSR) Trends to Look For in 2018«, *Forbes*, 12. Jan. 2018, https://www.forbes.com/sites/susanmcpherson/2018/01/12/8-corporate-social-responsibility-csr-trends-to-look-for-in-2018/#1ab049d040ce.

25 Auszug aus einem Telefoninterview mit Pamela Coles, 7. Aug. 2018.

26 »The Essential Role of the Corporate Secretary to Enhance Board Sustainability Oversight: A Best Practices Guide«. The United Nations Global Compact, Sept. 2016, https://corostrandberg.com/wp-content/uploads/2016/11/corporate-secretaries-guide-board-sustainability-governance.pdf.

27 Auszug aus einem Telefoninterview mit Colin Low, 14. Aug. 2018.

Kapitel 6

1 Auszug aus einem Telefoninterview mit Betsy Atkins, 21. Aug. 2018.

2 Natasha Lomas: »Facebook Hit with Shareholder Lawsuits over Data Misuse Crisis«, *TechCrunch*, 23. März 2018, https://techcrunch.com/2018/03/23/facebook-hit-with-shareholder-lawsuits-over-data-misuse-crisis/.

3 Juliette Rizkallah: »The Cybersecurity Regulatory Crackdown«, *Forbes*, 25. Aug. 2017, https://www.forbes.com/sites/forbestechcouncil/2017/08/25/the-cybersecurity-regulatory-crackdown/# 30bc75454573.

4 Priya Cherian Huskins: »Keeping in Compliance and Out of Trouble with the DOJ: The Benefits of Board Education Training«. Woodruff Sawyer, 28. März 2018, https://woodruffsawyer.com/do-notebook/board-education-training-compliance-doj/.

5 Auszug aus einem Telefoninterview mit Priya Cherian Huskins, 14. Aug. 2018.

6 Auszug aus einem Telefoninterview mit Nora Denzel, 6. Sept. 2018.

7 Auszug aus einem Telefoninterview mit Laurie Yoler, 2. Aug. 2018.

8 Auszug aus einem Telefoninterview mit Ralph Loura, 23. Juli 2018.

9 Maureen Bujno: »Why Improving Board Communication Is Time Well Spent«, CFO Insights, Deloitte, 2013, https://www2.deloitte.com/us/en/pages/finance/articles/cfo-insights-board-communication-director-risk-management.html.

10 Auszug aus einem Telefoninterview mit Susan Forrester, 20. Aug. 2018.

11 Chris Morris: »Papa John's Board Rips Into Papa John in New Open Letter«, *Fortune*, 30. Aug. 2018, http://www.fortune.com/2018/08/30/papa-johns-board-open-letter-john-schnatter.

12 Jeffrey A. Sonnenfeld: »What Makes Great Boards Great«, *Harvard Business Review*, Sept. 2002, https://hbr.org/2002/09/what-makes-great-boards-great.

13 Excerpts from telephone interview with Priya Cherian Huskins, 14. Aug. 2018.

14 Nicholas J. Price: »Best Practices for Director & Officer (D&O) Questionnaires | Diligent«, Diligent Corporation, 30 May 2018, https://diligent.com/blog/best-practices-for-do-questionnaires.

15 »Case Study: Diligent Moves Medtronic's Board Collaboration Forward«, Diligent Corporation, 2018, https://diligent.com/resources/diligent-moves-medtronics-board-collaboration-forward.
16 »Case Study: Heineken Pensions and Diligent Boards: Brewing Better Decision Making«, Diligent Corporation, 2018, https://diligent.com/resources/heineken-pensions-and-diligent-boards-brewing-better-decision-making.
17 Auszug aus einem Telefoninterview mit Nelson Chan, 3. Aug. 2018.

Kapitel 7

1 In den USA richten viele Familienunternehmen erst ein Board of Directors ein, wenn sie eine gewisse Größe erreichen oder die Unternehmensstruktur ändern. Eine gute Darstellung der Komplexität der Boards in US-amerikanischen Familienunternehmen wurde im Jahr 2001 von John Davis für *Harvard Business Working Knowledge* verfasst. Sie trägt den Titel: »Organizing the Family-Run Business«, https://hbswk.hbs.edu/item/organizing-the-family-run-business.
2 Auszug aus einem Telefoninterview mit Colin Low, 14. Aug. 2018.
3 Dies gilt möglicherweise nicht für Nonprofit-Organisationen. Bei Nonprofits mit diesem Board-Profil ist es jedoch nicht ungewöhnlich, wenn Mitglieder des Managements bei Board-Meetings eine aktive Rolle spielen und zum Beispiel die Tagesordnung festlegen, Themen zur Abstimmung bringen und sich in die Diskussionen einschalten.
4 Auszug aus einem Telefoninterview mit Jan Babiak, 16. Aug. 2018.
5 David F. Larcker und Brian Tayan: *Corporate Governance Matters: A Closer Look at Organizational Choices and Their Consequences* (Old Tappan, NJ: Pearson Education, 2016).
6 Im Lauf der letzten zehn Jahre haben viele Länder in der Europäischen Union ihre Anforderungen an die Unabhängigkeit von Board-Mitgliedern verschärft. In den meisten Ländern gilt nun, dass mindestens ein Drittel der Mitglieder vollständig unabhängig von der Organisation sein müssen. Subodh Mishra und Institutional Shareholder Services, Inc.: »Global Governance: Board Independence Standards and Practices«, Grading Global Boards of Directors on Cybersecurity: https://corpgov.law.harvard.edu/2018/06/01/global-governance-board-independence-standards-and-practices/.
7 Auszug aus einem Telefoninterview mit Nora Denzel, 6. Sept. 2018.
8 Auszug aus einem Telefoninterview mit Laurie Yoler, 2. Aug. 2018.
9 Auszug aus einem Telefoninterview mit Anastassia Lauterbach, PhD, 15. Aug. 2018.
10 Auszug aus einem Telefoninterview mit Betsy Atkins, 21. Aug. 2018.

Stichwortverzeichnis

Ökologie 116
Forbes, über ESG 117
Harvard Business Review
–über ESG 117
–über neuen Zwang zur Innovation 31
NACD Cyber-Risk Oversight Handbook 72
The Artificial Intelligence Imperative (Buch, Lauterbach) 37
Wall Street Journal, The
–Technologie-Informationen 103
1AU-Ventures Ltd. 37

A Accenture 53
Adesto Technologies 33
agile Ansätze
–für Resilienz 49
–für Wertschöpfung 31
Aktivistische Aktionäre 94
Aktivistische Investoren 36, 50, 114
Allstate 32
Amazon 136
AMD 56
Atkins, Betsy
–über persönliche Verantwortung 125
–über Resilienz 47, 49, 53, 63, 64
–über Strategie/Just-in-Time-Erkenntnisse 88, 97
–über Wertschöpfung 32
–über Zukunfts-Boards 175
Aufsichtsräte
–deutsche, Cybersicherheit 37
–unabhängige in der EU 159
Australien
–ARPA (Australian Prudential Regulation Authority) 130
–AUSTRAC (Finanzaufsicht) 130
–persönliche Verantwortung in 135
AXA (Versicherung) 116

B Babiak, Jan 101, 156
Bain 53, 64
Baja Corporation 32
Banner Corporation 54
BCG 88

Benchmarks 98, 106
Bergh, Chip 40
Best Practices
–für ESG-Management 116
–für Governance 130, 181
–für Krisenmanagement 82
–für Risikomanagement 82
–für Technologie und Risiko 74, 76
–Verhaltensprofile und 177
BlackRock 111
Blockbuster 33, 49
Blockchain 41, 87
Boardlist, the 62
Booz Allen 64
Borders Books 49
Bose Corporation 101

C Cambia Health Solutions 31
Cambridge Analytica 125
Carnegie Mellon Software Engineering Institute 96
Censhare 37
Chan, Nelson
–über persönliche Verantwortung 144
–über Risikomanagement 73, 81
–über Strategie/Just-in-Time-Erkenntnisse 98
–über Wertschöpfung 33
Checklisten
–für auf Werte fokussierte Kooperation 34
–für ESG 119
–für persönliche Verantwortung 141
–für Risikomanagement 70, 77
Church & Dwight 101
CISO (Chief Information Security Officer)
–Board-Kultur und 37
–Risikomanagement und 78
–Strategie/Just-in-Time-Erkenntnisse und 92
–Wertschöpfung und 37
Clorox Company, The 74
Cognizant 32

Coles, Pamela
- über ESG 114, 118
- über persönliche Verantwortung 141
- über Resilienz 55
- über Strategie/Just-in-Time-Erkenntnisse 97
- über Wertschöpfung 36
Compliance 129
- Kultur fördern 135
Compliance Training and the Board (Umfrage2017) 127
Costco 63
Cramer, Aron 117
Cyberrisiken 83
Cyberrisiken, Prozesse implementieren 83
Cybersecurity Ventures 78
Cybersicherheit 76
- ausgefeiltere Angriffe 67
- Bedrohungen der 80
- Compliance und persönliche Verantwortung 129
- delegieren 76
- deutsche Aufsichtsräte und 37
- Einschätzung und Beobachtung 75
- Notfallpläne für 78–80
- Rolle der Boards bei 37, 51, 75, 85

D D&O-Fragebogen 142
Datensammlung
- für ESG 112
- von resilienten Boards 52
Datenschutz-Grundverordnung
- der EU 67, 79, 127
Deckers Outdoor Corporation 34
Denzel, Nora
- über ESG 109–112
- über persönliche Verantwortung 128
- über Resilienz 56
- über Struktur-Boards 165
Digitale Disruption
- und Resilienz 48
Digitale Dokumente
- zur Sitzungsvorbereitung 54, 55, 118, 134

Digitale Umwälzung
- Rolle des Boards bei 93
Digitalisierung
- und Wertschöpfung 33
Diversität
- Innovationen und 62
- Probleme mit 37
- und Wertschöpfung 32, 35, 42
- Vorteile der 64
Dun & Bradstreet 37
Dweck, Carol 50
Dynamisches Selbstbild 50

E Entscheidungsfindung 56
- bei Mitgliederauswahl 58
Equifax 49
Ericsson 56
ESG (Umwelt, Soziales, Governance)
- Verhaltensprofile für 180
ESG (Umwelt, Soziales, Governance) 123
- Best Practices 116
- Board-Mitglieder als Botschafter für 119
- Checkliste 119
- Daten aufzeichnen 112
- Definition 109, 110
- empathische, transparente Kommunikation 116
- in Großbritannien 112
- in Singapur 121
- wichtigste Erkenntnisse über 120
Europäische Union (EU)
- Datenschutz-Grundverordnung 67, 79, 127
- unabhängige Aufsichtsräte 159
Evaluierungen
- Online-Tools für 52
Exxon Mobile 109

F Facebook 125
Familienbetriebe
- Aufsichtsgremien in 155, 194
Familienbetriebe, Aufsichtsgremien in 154
Finanzinstitute
- Verantwortung des Boards in 135
Formulare
- online 52

Stichwortverzeichnis

Forrester 53
Forrester, Susan 130, 166
Frauen 35

G Ganz, Marc 31
Gartner 53
General Electric (GE) 43, 57
Gesellschaft 116
Glass Lewis 59
Governance
– Best Practices 130, 181
– moderne Fachleute 104
Gründer-Boards 159
– Beschreibung und Fokussierung 153
– charakteristische Gemeinsamkeiten 155
– Ergebnisse 158
– Rahmen für Verhaltensprofile 151, 153
– Sitzungen und Prozesse 155
– Technik und Tools 157
– Treiber für Veränderungen 158
– Verhaltensprofile für Best Practices 182
Großbritannien, ESG in 112
Grove, Andy 30
Growth-Mindset 50

H Hallisey, Jeremiah 125
Harvard Business School 110
Health Care Compliance Association 127
Heineken Pensions Group 143
Hewlett Packards 74
Hinshaw, John 93
Huskins, Priya Cherian
– über persönliche Verantwortung 127, 137–139

I IESO (Energieversorgung) 116
IKEA 88, 175
Informationen, Vertraulichkeit 93
Infrastruktur für Resilienz 53
Innovationen
– Corporate Innovation Board (MIchelin) 35
– durch Diversität 62
– neuer Zwang zu 31
– Wertschöpfung und 35
Innovations-Governance-System 35
Intel 30

Interessenskonflikte, vermeiden 135, 136
Internationale Rechnungslegungsvorschriften für Unternehmen (IFRS2006) 76
Investoren, aktivistische 36, 50, 114

J J.P. Morgan 111
Johnson, Stefanie K. 63
Just-in-Time-Erkenntnisse 87

K Kalanick, Travis 69
Katalysator-Boards 171
– Beschreibung und Fokussierung 165
– charakteristische Gemeinsamkeiten 167
– Ergebnisse 169
– Rahmen für Verhaltensprofile 151, 153
– Sitzungen und Prozesse 168
– Strategie/Just-in-Time-Erkenntnisse und 105
– Technik und Tools 168
– Treiber für Veränderungen 169
– Verhaltensprofile für Best Practices 182
Kennzahlen
– für ESG verfolgen 112
– für Wertschöpfung verfolgen 42
Kommunikation
– über ESG 116
– Ausschüsse und 129
– persönliche Verantwortung und 129, 141
– zwischen Board und Management 177
Kooperation
– für auf Werte fokussierte 34
Krisenmanagement
– Best Practices 82

L Lake, Katrina 33
Lantz, Erin 57, 58, 61
Lauterbach, Anastassia PhD
– über Resilienz 61
– über Strategie/Just-in-Time-Erkenntnisse 94, 99

–über Technologie und Wertschöpfung 39
–über Zukunfts-Boards 173
Leistung für mehr Resilienz 57
Levi's 40
Loura, Ralph
–über Cybersicherheit und Risikomanagement 75, 77, 80
–über Digitalisierung und Wertschöpfung 33
–über persönliche Verantwortung 128
–über Risikomanagement 71, 73
–über Strategie/Just-in-Time-Erkenntnisse 101
–über Technologie 128
Low, Colin 121, 122

M Malware 51
Mastercard 31
Mattamy Houses 43
McKinsey and Company 37, 53, 64
Medtronic 143
Meetings 54
MeToo-Bewegung 59
Michelin 35
MoviePass 99

N Nächste Generation
–Kultur und Verantwortung 140
–Resilienz stärken mit 57, 58, 61
–Vorteile der Diversität 64
–Werte aufbauen mit 44
Nachwuchstalente
–für besseres Risikomanagement 80
–für mehr Resilienz 61
National Association of Corporate Directors (NACD) 96, 101, 103, 142
Nav Inc. 54
Netflix 32, 33, 55, 112, 136
Noon Home 101
Notfallpläne 78–80

O Online-Tools
–für Evaluierungen 52
Operationen des Unternehmens
–Engagement des Boards 41

P Papa John's Pizza 135
Persönliche Verantwortung 141, 145

Phishing 51, 71
Private-Equity-Ansatz 30
Procter & Gamble 36
Prozesse, für Risikomanagement 81
PwC 44

R Ransomware 78
REL Advisory 74
Resiliente Boards 66
Resilienz
–agile Ansätze für 49
–aufbauen 64
–Diversität und 64
–durch gute Board-Zusammensetzung 63
–durch Leistung 57
–Infrastruktur und 53
–stärken durch nächste Generation 57, 58, 61
–und Digitale Disruption 48
–Verhaltensprofile für 178
–wichtigste Erkenntnisse über 65
Rio Tinto 109
Risikomanagement 85
–Arten von Risiken 67
–Best Practices 74, 76, 82
–Checkliste 70, 77
–Compliance und persönliche Verantwortung 129
–Cyberbedrohungen 67, 80
–Cybersicherheit und 75
–Herangehensweise 68
–Mitarbeiter einstellen und schulen 80
–Notfallpläne für 78, 80
–Prozesse implementieren 81
–Risiken einschätzen und beobachten 75
–Verhaltensprofile für 178
–wichtigste Erkenntnisse über 83
Rodan + Fields 74
Rolls Royce 112
Russell Reynolds 50

S Saintil, Merline
–über Resilienz 54
–über Risikomanagement 72, 73
–über Strategie/Just-in-Time-Erkenntnisse 87, 94, 96, 97
Schnatter, John 135

Stichwortverzeichnis

Schneider Electric 32
Schreibtischübungen 79
Securities and Exchange Commission (SEC) 16, 100
Selander, Robert 31
Singapur
– ESG in 121
Sitzungen
– elektronische Dokumente für 54, 55, 118, 134
– gute Vorbereitung 145
– neu gestalten 54
SL Green Realty 32
Society of Corporate Compliance and Ethics 127
Soziale Werte 116
Spencer Stuart 89
Starbucks 115
State Street Global Advisors 59
StitchFix 33
Strategie/Just-in-Time-Erkenntniss
– Verhaltensprofile für 105, 106
Strategie/Just-in-Time-Erkenntnisse 107
– digitale Disruption und 89
– Governance-Trends im digitalen Zeitalter 94
– Marktforschung für 99
– richtige Fragen zur rechten Zeit 88, 94
– technologische Innovationen und 87
– technologische Kenntnisse und 104
– Verhaltensprofile für 179
Struktur-Boards 165
– Beschreibung und Fokussierung 159
– charakteristische Gemeinsamkeiten 160
– Ergebnisse 163
– Rahmen für Verhaltensprofile 151, 153
– Sitzungen und Prozesse 161
– Technik und Tools 162
– Treiber für Veränderungen 164
– Verhaltensprofile für Best Practices 182

T Tabletop-Exercises 79
Talend Software 56

Task Force on Climate-related Financial Disclosures (TCFD) 111
TaskRabbit 175
Teamarbeit 135, 136
Technologie
– Aufsicht delegieren 128
– Best Practices 74
– digitale Umwälzung 93
Technologiekenntnisse
– und Wertschöpfung 39
Tesla 101
TopBuild 43
Transformation, durch Katalysator-Boards 165
Trends
– für ESG verfolgen 112
– für Wertschöpfung verfolgen 42
Trillium Asset Management 115

U Uber 69
Umweltschutz 116
UN (Vereinte Nationen)
– *Global Compact*(2016) 119
– Initiative für nachhaltige und verantwortungsvolle Unternehmensführung 116
Unternehmensführung 130
Unternehmenskultur, Compliance fördern 135
Unternehmensoperationen
– Engagement des Boards 41
US-Finanzministerium 79

V Vanguard 111
Verantwortung
– Checkliste für 141
– Compliance und 129
– Erwartungen an 125
– ESG und 119
– gute Vorbereitung und 145
– in Australien 135
– Interessenskonflikte und 140
– persönliche 145
– Teamarbeit und 140
– Verhaltensprofile für 180
– wichtigste Erkenntnisse 145
Verhaltensprofile 176, 182
– Aufbau resilienter Boards 61
– Bedarf für 149
– erstellen 61

– für Best Practices 177
– für ESG 180
– für persönliche Verantwortung 180
– für Resilienz 178
– für Risikomanagement 178
– für Strategie/Just-in-Time-Erkenntnisse 179
– für Wertschöpfung 31, 43, 177
– Gründer-Board 159
– Katalysator-Boards 171
– Rahmen für 153
– Rahmenwerk 151
– Struktur-Boards 165
– Zukunfts-Boards 175
Vertraulichkeit 56, 93, 135, 145
Vielfalt 35
Volvo Cars 32
Vorbereitung
– auf Sitzungen 145

W Wachstum, im Gegensatz zu Wertschöpfung 29
Weiterbildung 93
– für Risikomanagement 80
Wells Fargo 43, 49, 57
Werte, soziale 116
Wertschöpfung 45
– Ausschüsse für 35
– Checkliste 34
– Definition 31
– im Gegensatz zu Wachstum 29
– Kennzahlen und Trends verfolgen 42
– Kooperation für 34
– und Digitalisierung 33
– und Diversität 32, 35, 42
– und Technologiekenntnisse 39
– Verhaltensprofile und 31, 43, 177
– wichtigste Erkenntnisse über 42

Whelan, Margaret
– über Resilienz 47, 55, 57, 60, 62
– über Risikomanagement 70
– über Wertschöpfung 29, 43–45
Wilson, Tom 32
Wirecard 37
Woodruff Sawyer 127, 137
Wynn Resorts 32
Wynn, Steve 67

Y Yoler, Laurie
– über Gründer-Boards 171
– über Katalysator-Boards 171
– über persönliche Verantwortung 128, 140, 141
– über Resilienz 48, 50, 65
– über Risikomanagement 71, 76
– über Strategie/Just-in-Time-Erkenntnisse 104
– über Technologie 104, 128
– über Technologiekenntnisse 36, 40
– über Wertschöpfung 40
– über moderne Governance-Fachleute 104

Z Zillow Group 57
Zoox 101
Zukunfts-Boards 175
– Beschreibung und Fokussierung 171
– charakteristische Gemeinsamkeiten 172
– Ergebnisse 175
– Rahmen für Verhaltensprofile 151, 153
– Sitzungen und Prozesse 173
– Technik und Tools 174
– Treiber für Veränderungen 176
– Verhaltensprofile für Best Practices 182
Zusammenarbeit 34
Zusammensetzung
– Resilienz durch 63